그 동안 축구선수의

화려한 면은 많이 알려졌지만,

정상을 향해 질주하는 선수들의 땀과 노력,

그리고 힘들게 준비하는 과정은 잘 알려지지 않았다.

一心! 내 삶의 좌우명이다.

하나의 일에 집중하자는

이 단어는 지금까지 축구를 해오며

항상 마음속 깊이 새겨온 말이다.

지금까지 축구를 하면서 한번도

다른 곳으로 눈을 돌려본 적이 없다.

오로지 축구만 생각하고 최선을 다해왔다.

SOCCER
PLAYER
20 HONG MYUNG BO

영원한 리베로

홍명보

LIBERO

영원한 리베로

초판 1쇄 발행 / 2002년 5월 20일
초판 47쇄 발행 / 2013년 8월 26일

지은이 / 홍명보
펴낸이 / 주연선
디자인 / design insso

펴낸곳 / 도서출판 은행나무
등록번호 제10-1522(1997. 12. 12)
서울특별시 마포구 서교동 384-12
전화 / 3143-0651~3 팩스 / 3143-0654
www.ehbook.co.kr
ehbook@ehbook.co.kr

저자와의 협의에 의해 인지는 생략합니다.
잘못된 책은 바꿔드립니다.

Copyright ⓒ 2002 by 홍명보
ISBN 89-87976-98-X

"
한국축구는 이제 세계 축구의 흐름을 빨리 읽고 받아들여야 한다. 빠른 변화에 대처하기 위해서는 그만큼 공부를 더 많이 해야 하고 투자도 이뤄져야 한다. 다냥 우리 스타일만을 고집하는 것은 바람직하지 않다. 이제 세상은 글로벌시대이다. 보고 배우고 익혀야 할 것들이 참 많다.
"

머리말

경력도 짧고 기라성 같은 선배님들이 많이 계신데 내가 이렇게 거창하게 책을 낸다는 것이 혹 잘못 비쳐지지는 않을까 하는 두려움이 앞선다. 이렇게 책을 내게 된 동기는 지난 97년부터 지난해까지 4년 7개월 동안 일본에서 생활하며 느끼고 배웠던 것을 좀더 많은 사람에게 알리고, 한국축구의 발전을 위해 조금이나마 보탬이 됐으면 하는 바람에서 시작됐다.

사실 축구 수준은 별도로 하고 일본생활을 통해 배울 것이 많았다. 일본의 선진 클럽시스템이나 첨단시설, 그리고 성숙한 축구문화 등의 기본 인프라는 웬단한 유럽 부럽지 않다. 그 동안 스포츠투데이에 'J리그통신' 코너를 3년간 연재하며 일본에서 보고 듣고 느꼈던 것을 독자들에게 많이 전달하려고 나름대로 노력했다. 물론 다른 나라에서 배워야 한다는 현실이 자존심상할 수 있겠지만, 좋은 것은 배우고 나쁜 것은 버릴 수 있는 열린 마음이 필요하다고 생각한다. 그래서 이 책에 'J리그통신' 중 주요한 부분은 다시 발췌해 실었다. 또 선수생활을 마칠 즈음해서 축구인생을 한번 정리할 필요가 있다고 느꼈다. 그 동안 축구선수의 화려한 면은 많이 알려졌지만, 정상을 향해 질주하는 선수들의 땀과 노력, 그리고 힘들게 준비하는 과정은 잘 알려지지 않았다고 생각한다. 그래서 내 개인의 경험을 통해 우리 선수들이 항상 노력하고 많은 생각을 하고 있다는 점을 보여주고 싶었다.

내가 오늘의 자리에 설 수 있기까지 많은 스승님들의 큰 가르침과 도움이 있었다. 초등학교, 중학교, 고등학교, 대학교, 프로팀……. 나의 소중하고 귀한 모든 스승님들에게 이 자리를 통해 다시 한번 감사를 드린다. 또 90년 이탈리아 월드컵, 94년 미국 월드컵, 98년 프랑스 월드컵에서 부족한 나를 선택해 좋은 추억을 갖게 만들어주신 전 월드컵대표 감독님들에게도 고맙다는 말을 전하고 싶다. 그리고 어린 시절부터 지금까지 큰 걱정 없이 축구에만 전념할 수 있도록 뒷바라지를 아끼지 않으신 부모님에게도 다시 한번 고개 숙여 감사드리며 이 책을 바친다. 아울러 축구인생에 가장 힘들었던 일본생활 시절 묵묵히 옆에서 갈없는 성원을 보내준 아내에게도 고맙다는 말을 전하고 싶다.

LIBERO

추천의글

한국축구의 자랑, 홍명보

지구촌 대축제인 2002년 한일월드컵 개막을 앞두고 온 국민의 축구 사랑이 그 어느 때 보다 뜨거운 가운데, 한국축구의 대들보인 홍명보 선수에 관한 이야기가 책으로 발간되어 매우 기쁘게 생각합니다.

제가 홍명보를 좋아하고, 자랑스럽게 생각하는 이유는 그가 '동양의 베켄 바우어'로 불리며 아시아 최고의 수비수로서 뛰어난 경기력을 보여주기 때문만은 아닙니다. 90년 2월, 21세의 어린 나이에 태극마크를 가슴에 단 후 지난 10여 년 동안 A매치 경기 참가 124회라는 한국 최고기록을 보유할 정도로 프로답게 자기관리를 모범적으로 해온 점을 높이 사고 싶습니다. 또한 홍명보 선수는 동료선수와의 친화력, 남다른 후배 사랑, 지적 탐구에 대한 높은 열정 등을 갖춰 축구선수이기에 앞서 인간적인 매력을 흠뻑 느끼게 합니다.

이 책은 홍명보 선수의 어린 시절부터 오늘의 그가 있기까지의 숨은 이야기와 인생철학, 축구에 대한 애정 등이 재미있게 구성되어 있습니다. 뿐만 아니라 한국축구와 월드컵에 대한 이야기도 소개되어 있어 한국축구의 미래를 책임질 축구 꿈나무들은 물론 축구를 사랑하는 모든 분들에게 꼭 한번 읽어보실 것을 권유하고 싶은 책입니다.

곧 개막될 2002한일월드컵에서 우리 대표팀이 온 국민의 염원에 부응하여 16강 진출을 달성함으로써 한국축구 발전의 새 장을 열어줄 것을 간절히 바랍니다. 나아가 한국축구가 언젠가 월드컵 정상에 우뚝 서는 날까지 한국 프로축구 구단을 맡고 있는 한 사람으로서 깊은 소명의식을 가지고 그 역할과 책임을 다할 것을 다짐해 봅니다.

끝으로 월드컵에 네 번째 참가하는 홍명보 선수가 그의 명성에 걸맞게 금번 월드컵에서 선전하여 국민들에게 기쁨과 자부심을 안겨주기를 기원하고, 향후 한국축구를 이끌어가는 훌륭한 지도자로서 거듭 성장하기를 간절히 바랍니다. 아두쪼록 이 책을 통해 독자 여러분이 인간적인 매력을 듬뿍 지닌 축구선수 홍명보와 더욱 친해질 수 있는 계기가 되기를 바랍니다.

2002년 5월 주식회사 포항프로축구

사 장 박 정 우

Contents

1장 · 월드컵 히스토리
1 | 10년 만에 찾아온 위기　　　　　　　　29
2 | 히딩크와의 첫 만남, 그리고 익숙해지기　42
3 | 세 번의 좌절, 네 번째 희망　　　　　　50

2장 · J리그통신
1 | J리그와 일본구단　　　　　　　　　　68
2 | 세계는 넓고 뛸 곳은 많다　　　　　　　81
3 | J리그 선수관리, 이렇게 다르다　　　　90

3장 · 일본견문록
1 | 타향살이　　　　　　　　　　　　　104
2 | 일본의 축구문화　　　　　　　　　　113

4장 ※ 축구인 & 축구인

1 | 내가 본 축구인   129
2 | 내가 본 홍명보   141

5장 ※ 사커키드에서 K리그까지

1 | 마냥 축구가 좋았던 아이   152
2 | 가슴에 태극마크를   158
3 | K리그를 뛰면서   167

6장 ※ 아내가 쓰는 나의 사랑, 나의 가족

1 | 월드컵이 맺어준 인연   176
2 | 서로 다른 그라운드에서   181
3 | 축구선수 아내로 산다는 것   189

7장 ※ 한국축구를 말한다

1 | 한국축구의 오늘   200
2 | 한국축구가 나아갈 방향   209
3 | 축구철학 인생철학   216

※ 부록   227

http://www.mbhong20.com

제1장 ⋯⋙ 월드컵 히스토리

월드컵 히스토리

1 | 10년 만에 찾아온 위기
2 | 히딩크와의 첫 만남, 그리고 익숙해지기
3 | 세 번의 좌절, 네 번째 희망

1 10년 만에 찾아온 위기

지난여름은 정말 잔인했다

지난해 8월, 나는 대표팀 유럽 전지훈련에 포함되지 않았다. 이미 상반기 중에 대표팀 차출 제한을 채웠기 때문에 소속팀에서 차출을 허락하지 않았다. 이런 상황에서 리그 경기를 뛰는 도중, 왼쪽 정강이에 이상이 느껴졌다. 별다른 통증이 느껴지진 않았지만 병원을 찾

았다. 그런데 거기서 내게 불운의 그림자가 드리워졌다는 걸 직감했다. 병원에선 왼쪽 정강이 피로골절이란 진단을 내렸고, "회복까지 길게는 3개월이 걸릴지 모른다"는 우려 섞인 말을 건넸다.

사실 당시만 해도 심각하게 생각하지 않았다. 별로 아프지도 않았고 지금껏 장기부상을 당한 경험이 없기 때문에 한 달 정도면 충분히 회복될 거라 생각했다. 그러나 부상은 예상외로 오래 갔다. 처음 1주 동안은 회복이 빨랐다. 그러나 이후 2주가 지나고, 3주가 지나도 영차도가 느껴지지 않았다. 그렇게 아무 하는 일 없이 9, 10월이 지나갔고, 결국 11월 중순까지 운동장에 나서지 못했다.

이 과정에서 나를 가장 괴롭혔던 것은 신문기사였다. 부상이 장기화되면서 국내 언론은 송종국의 성장에 주목했고, 동시에 나에 대한 비관적인 기사들을 싣기에 바빴다. 더욱이 나를 지목하면서 '세대교체'를 강조하는가 하면 일부 신문에선 이젠 쓸모없는 퇴물인 양

뜻밖의 부상으로 국가대표팀에서 제외되어 한동안 마음 고생이 심했다.

묘사하기도 했다. 이런 기사를 볼 때마다 자존심이 상했고 불쾌감까지 느꼈다. 지난 10여 년간 국가대표로서 이뤄온 공든 탑이 한순간에 무너지는 듯한 기분마저 들었다.

마음이 자꾸 조급해졌고 이윽고 언제부터인가 '진짜 은퇴를 고민해야 하지 않나' 하는 생각까지 하게 됐다. 나는 지금

까지 국가대표로 뛰면서 기복 없이 경기를 했다고 자부한다. 그런데 장기부상을 이유로 월드컵 멤버에서 탈락한다면 내가 이제껏 이뤄온 성과물까지 함께 묻혀버릴 거란 걱정이 엄습해왔다. 그럴 때마다 나는 속으로 '다 때려치우자. 차라리 그런 꼴을 당할 바에야 은퇴하자. 지금 은퇴하면 이제까지 내가 이뤄온 부분은 정당하게 인정받을 게 아닌가'라고 되뇌기도 했다. 이런 고민을 거듭하면서부터 나는 아예 신문을 보지 않기 시작했고, 국내 취재진과의 접촉도 꺼렸다. 갈수록 움츠러드는 내 자신이 싫었다.

꿈틀거리는 재기 의지

그러나 죽으란 법은 없나 보다. 가을이 깊어지면서 생각이 조금씩 바뀌었다. 지난해 초, 히딩크 감독님이 처음 왔을 때 이런 인터뷰를 한 적이 있다.

"나는 지난 10여 년간 국가대표로 뛰었지만 매번 감독이 바뀔 때마다 똑같은 입장에서 시작했다. 물론 한국인 감독이라면 내게 플러스 요인이 있을 게 당연하다. 그러나 신임 감독은 나에게 어드밴티지를 주지 않을 것이고 나 또한 그런 것을 바라지 않는다. 정정당당하게 경쟁해서 주전을 꿰차겠다."

당시 인터뷰 기억이 갈수록 또렷해지면서 재기 의지가 살아났다. '나를 평가할 사람은 히딩크 감독뿐이다. 그 사람이 안 된다고 하면 안 되는 것이고 된다고 하면 되는 것이다. 다른 어떤 말에도 귀를 기울이지 말자. 히딩크 감독이 한 갈에만 무게를 싣자'라고 마음을 다잡았다.

내가 3개월 여 동안 이런 저런 고민을 하고 있을 때 아내는 나보다 더한 스트레스에 시달렸다. 그래서 미안했다. 당시 나는 아예 신문을 보지 않았기 때문에 아내는 인터넷을 통해 신문을 체크한 뒤 나에게 얘기해줄 것만 얘기하고 얘기하지 않을 것은 철저히 입을 다물었다.

지금 돌이켜보면 선수생활을 하면서 이처럼 오랜 부상을 당한 적도 처음이고, 언론에 나에 대한 비관적인 얘기가 집중적으로 실렸던 일도 처음이다. 그래서 더욱 마음 아파하고 고민했던 것 같다.

나는 뛰어야 한다

11월 중순, 병원을 찾았을 때 조깅을 해도 좋다는 진단을 받았다. 날 듯이 좋았다. 월드컵 출전이니 프로경기 복귀니 따위의 생각은 전혀 없었고, 단지 운동을 다시 할 수 있게 됐다는 사실만으로도 표현할 수 없을 만큼 기뻤다.

이 시기에는 친정팀인 포항 스틸러스로 복귀하는 게 확정된 시기여서 더욱 감회가 새로웠다. 마음 한구석에는 가시와에서의 선수생활을 명예롭게 마치고 고국으로 돌아가야 한다는 의욕이 솟구쳐 올랐다.

한 달간 꾸준히 재활훈련에 전념한 결과, 12월 초순부터 정상훈련이 가능해졌다. 때문에 12월 중순 벌어지는 일왕배대회의 가시마 앤틀러스와의 어웨이 경기에서 복귀전이자 고별전을 치르려고 다짐했다. 그러나 전 게임인 2부리그 팀과의 홈경기에서 가시와가 지는 바람에 토너먼트에서 탈락해 더 이상 경기에 나설 수 없었다. 무엇보다 안타까운 건 경기에 나서지도 못하고 가시와를 떠나야 한다는 사실이었다.

2부리그 팀과의 홈경기가 끝난 뒤 구단에서 마련해준 환송식은 아직까지도 감동이 남아 있는 뜻깊은 자리였다. 축구를 하면서 그때처럼 가슴 찡했던 적은 없었던 것 같다. 가시와에는 과거 스토이치코프(불가리아), 에디우손(브라질) 등 세계적인 스타가 둥지를 틀었지만, 이들이 돌아갈 때 구단에서 환송식을 열어준 일이 없다. 그럼에도 나에게 외국인 용병으로는 처음으로 이런 자리를 만들어줌으로써 유종의 미를 거둘 수 있게 해줬다. 장내 아나운서의 간단한 소개 뒤에 마이크를 잡은 나는 차분한 어조로 "가시와를 떠나게 돼 아쉽다. 몸은 떠나지만 마음은 남아 있을 것이다"라고 말했다. 말을 끝낸 뒤 관중석을 보니 여기저기 울고 있는 축구팬들이 눈에 띄었다. 하마터면 나도 그 많은 사람들 앞에서 눈물을 보일 뻔했다. 나를 그토록 사랑해준 가시와 팬들에게 그저 고마울 따름이다.

귀향, 따뜻한 고향의 품으로

크리스마스가 지난 2001년 12월 말에 포항으로 돌아왔다. 일본으로 건너간 지 4년 7개월 만에 고국 땅으로 돌아온 것이다. 이전에 수없이 한국과 일본을 오갔지만, 이때 김해공항에 내렸을 때의 감회는 이전과는 전혀 달랐다.

사실 예전에는 한국에 올 때마다 적잖이 스트레스를 받곤 했다. 항상 대표팀 소집을 위해 한국으로 건너왔기 때문에 도착할 때마다 긴장감이 감돌았고, 이로 인해 다소 불편함을 느꼈던 게 사실이다. 반대로 과거엔 일본 나리타공항에 내리면 오히려 고향처럼 편안하게 느꼈던 기억도 있다.

그러나 지난해 말, 영구 귀국했을 때는 이전과는 달리 상당히 마음이 편했다. 마치 긴 여행에서 드디어 집으로 돌아온 기분이라고 할까. 반대로 포항 이적이 결정된 직후인 지난해 11월 한국에서 일본으로 건너갔을 때에는 이전과는 달리 마음이 불편했다. 당시 속으로 '이제 떠날 때가 됐구나' 하는 생각을 했다. 아무튼 포항에서 보낸 지난해 겨울은 그 어느 해보다 편안하고 따뜻했다.

새로운 시작

1월 3일부터 포항 클럽하우스에서 훈련을 시작했다. 하지만 오랜 시간 친정팀을 떠나 있었기 때문인지 주위 분위기는 생소했다. 우선 아는 선수라곤 (하)석주 형과 (김)병지뿐이었다. 또한 거액을 들여 완공했다는 클럽하우스도 낯설기는 마찬가지였다. 마치 친정팀이 아닌 전혀 새로운 팀에 온 느낌이었다. 다소 긴장했던 게 사실이다.

몸 상태가 정상 컨디션에 가까워졌을 즈음인 1월 20일에 포항의 크로아티아 동계훈련에 나섰다. 이전까지는 개인적으로 재활훈련을 했지만 크로아티아에 도착하자마자 정상훈련에 들어갔다. 빨리 회복할 수 있었던 데에는 최순호 감독님의 도움이 컸다. 최감독님은 훈련 첫날 "아픈 데 참고 하진 마라. 네가 알아서 몸 상태를 체크해 가면서 훈련해라"라며 자율적인 훈련을 권고했다.

사실 포항에 맏형으로 복귀하면서 낯선 후배선수들을 빨리 추슬러야 한다는 부담감을 가졌다. 그래서 몸이 웬만큼 괜찮으면 아픈 것을 참고라도 정상훈련에 동참해야 한다고 생각하고 있었다. 그러나 무작정 강훈련을 따라하다 보면 부상이 재발할 게 뻔했던 만큼 감독님의 이런 배려는 나에게 큰 힘이 되었다.

크로아티아 도착 후 며칠간 정상훈련을 한 뒤, 크로아티아 3부리그 팀과 첫 경기를 가졌다. 5개월여 만에 출전한 경기였다. 포항은 4-4-2 포메이션으로 나섰고, 나는 센터백(중앙수비수)이 아닌 수비형 미드필더로 나섰다. 선수생활을 시작한 이래 처음으로 장기부상을 당했던 나는 오랜만에 출전하는 경기를 앞두고 마치 초등학생처럼 들뜨고 긴장했었다. 하지만 경기가 시작되고 시간이 흐르면서 점

◉ 4년 7개월간의 일본생활을 마치고 2001년 12월 친정팀인 포항으로 복귀했다. 차동해 사장님과 입단 조인식을 마친 뒤 기념 포즈를 취했다.

◉ 포항시절 활약 모습

차 안정을 찾아갔다. 상대가 약체였기 때문에 플레이하기에도 편했다. 이날 경기에서 나의 플레이는 스스로 만족할 만했다. 나름대로 움직임에 별 어려움이 없었고 좋은 패스도 많이 들어갔다. 이날 이후 몇 차례 경기를 반게임만 소화하고, 남은 경기에선 모두 90분 풀로 출전했다.

전훈 기간 내내 별다른 부상을 당하지 않았던 게 무엇보다 다행이었다. 하지만 솔직히 크로아티아에 있는 동안 죽었다 깨어나는 고통을 감수해야 했다. 부상 이후 4개월 가까이 전혀 운동을 하지 못했던 몸으로 뛴 크로아티아에서의 계속된 평가전은 당연히 무리였다. 오른쪽 발목에서 시작된 통증은 오른쪽 무릎, 오른쪽 허벅지, 왼쪽 허벅지, 왼쪽 무릎, 왼쪽 발목 등 한 달간 양쪽 다리를 한바퀴 돌면서 나를 괴롭혔다. 그렇게 심한 고통을 느꼈던 적은 처음이었고 그래서 두려움도 더했다. 하지만 다행히도 통증이 다리를 한 바퀴 돈 후에는 먹구름이 걷히듯 몸이 가뿐해졌다. 통증이 끝난 후에야 '이제야 살았구나' 하고 안도의 한숨을 내쉬었다.

대표팀 복귀와 주전 굳히기

대표팀과 비슷한 시기에 귀국했다. 신문을 통해 대표팀이 북중미 골드컵에서 만족할 만한 성적을 거두지 못했다는 사실과 팀의 중심이 없다는 비판을 받고 있다는 것을 알았다. 그러나 귀국행 비행기에서조차 대표팀에 대한 생각은 거의 하지 않았기 때문에 그냥 강 건너 불 보듯 신문을 훑어 내려갔다.

하지만 공항에 도착하자마자 뭔가 상황이 달라졌음을 직감할 수 있었다. 인천공항에는 나를 인터뷰하기 위해 많은 취재진이 몰려와 있었다. '불과 몇 개월 사이에 나에 대한 관심이 이토록 달라질 수 있을까?' 마이크를 들이대는 기자들이 낯설기까지 했지만 이내 정신을 가다듬고 말문을 열었다. 취재진들은 대표팀 복귀가 확정적이라며 소감을 물었고, 나는 "아직 구체적으로 들은 얘기가 없다. 만약 히딩크 감독이 나를 다시 대표팀에 부를 의사가 있다면 아디다스컵(Adidas Cup) 조별리그 대회에서 플레이하는 것을 보고 판단했으면 한다"고 답했다. 대답을 마친 후에야 대표팀 복귀 시기가 다가왔음을 피부로 느낄 수 있었다.

아무튼 며칠 후인 2월 20일, 서울에서 열린 나이키의 새 국가대표팀 유니폼 발표식에 참가하기 위해 올라왔는데 박항서 대표팀 코치로부터 '만나자'는 연락이 왔다. 서울 모처에서 만난 박코치는 가장 먼저 내 몸 상태를 물어왔다. 박코치는 히딩크 감독의 말을 전하는 것이라며 "지금 대표팀에 어린 선수들을 이끌어줄 구심점이 필요하

다. 그런 문제를 해결해줄 수 있느냐?"고 물었다. 이후 나는 다소 충격적인 질문을 들어야 했다. 박코치는 정상적으로 경기를 할 수 있는지 궁금하다면서 잠시 머뭇거린 뒤 "만약 경기에 못 나갔을 때 참을 수 있겠느냐?"고 물었다.

사실 대표팀 코치토서 선수를 발탁하기 위해 몸 상태를 물어보는 것은 당연하다. 하지단 경기에 출전시키지 않을 수도 있음을 전제하면서 이를 참을 수 있느냐고 묻는 것은 이제까지 단 한번도 경험하지 못한 일이었다. 다소 당황스러웠지만 이내 마음을 가다듬고 정중히, 그리고 힘있게 답변을 건넸다.

"만약에 대표팀에 지금 베스트멤버가 정해져 있고, 나를 단지 분위기 메이커로 부를 생각이라면 대표팀에 들어가지 않겠다. 그러나 아직 기회가 있다면, 다시 말해 주전 경쟁을 통해서 베스트 자리를 차지할 수 있는 상황이라면 들어가겠다."

내 답변이 끝나자 박코치는 아직 정해진 건 아무것도 없다면서 "대표팀에 들어오면 부디 최고참 역할을 잘 해주길 바란다"는 말과 함께 악수를 건넸다.

박코치와 헤어져 돌아오는 길, '경기에 나가지 않더라도 참을 수 있느냐?' 라는 질문이 계속해서 머릿속에 맴돌았다.

다시 신임을 얻기까지

3월 초 대표팀의 유럽 전지훈련에 합류했다. 9개월 만의 대표팀 복귀는 지난 90년 처음 대표팀에 들어갈 때처럼 나를 들뜨게 만들었다.

스페인에 도착해서 가진 첫 훈련은 익숙한 분위기가 아니었다. 우선 젊은 선수들의 기량이 훌쩍 성장했으며 팀 조직력도 많이 완성돼 있었다. 그로 인해 처음엔 다소 불편함을 느꼈던 게 솔직한 심정이다. 이런 불편함을 아는지 히딩크 감독은 전과 같이 편하게 나를 대해줬다. 무엇보다 부상에서 회복 중이라는 어려운 상황을 감안해 훈련 도중에 간간이 나를 배려하는 것을 느낄 수 있었다. 또한 스페인 전훈이 시작되고 며칠이 지나자 나를 따로 불러 지금까지 대표팀 훈련 과정을 일일이 설명해준 것은 물론 현재 활용하고 있는 전술에 대해서도 자세히 얘기해줬다. 내가 현 대표팀 훈련 상황을 이해할 수 있게 신경을 써준 배려였다. 히딩크 감독의 이런 태도를 계기로 오래지 않아 대표팀 분위기에 익숙해질 수 있다는 확신이 들었다.

10일간 훈련을 끝낸 뒤 가진 튀니지전(3월 13일)은 나에게 엄청난 부담으로 다가왔다. 튀니지전 걱정으로 전날 밤잠을 설칠 정도였다. '과연 부상 후유증 없이 잘 해낼 수 있을까?' 하는 자신에 대한 의문 때문이었다. 그러나 포항의 크로아티아 전지훈련 때처럼 막상 경기에 들어가 보니 금방 자신감을 찾을 수 있었다. 그런데 전반에 상대 공격수에게 왼쪽 무릎 뒤쪽을 채이면서 또 다시 시련이 찾아왔다. 예전 같으면 경기 내내 참고 뛰었을 테지만 이제는 그럴 수 없었다. 후반 초반에 참고 뛰다가 통증이 그치지 않아 결국 벤치에 교체해달라는 사인을 보냈다. 나는 과거 A매치를 뛰면서 아프다고 교체를 요청한 적이 단 한번도 없다. 그러나 이때는 '지금 가장 중요한 건 내 몸이다. 부상 직후이니 몸 관리는 내가 알아서 해야 한다'는 생각이 들었다. 그래서 용기를 내서 교체를 요청했다.

지금에서야 얘기하는 것이지만, 그때 다친 왼쪽 무릎은 결국 유럽 전훈 내내 나를 괴롭혔다. 튀니지전 이후에 벌어진 핀란드전(3월 20일)과 터키전(3월 27일)에선 이를 악물고 고통을 참으며 경기를 뛰어야 했다. 마음 같아선 쉬고 싶었지만 내 자존심이 이를 허락하지 않았다.

터키전을 앞두고 국내 A매치 최다출전 신기록(122경기)이라는 말을 들었다. 기분이 좋았다. 더욱 보람을 느꼈던 이유는 핀란드전에서 2-0으로 시원하게 이기면서 선수들이 자신감을 갖게 됐다는 점이다. 터키전까지 마친 이후엔 히딩크 감독도 나의 몸 상태에 대한 의혹을 풀었다는 눈치였다.

터키전이 끝난 직후 숙소로 들어왔을 때였다. 저녁식사를 하러 식당에 내려갔는데 우연히 히딩크 감독과 눈이 마주쳤다. 순간 히딩크 감독은 미소와 함께 엄지손가락을 치켜세웠다. 유럽 전훈 이후 나의 플레이에 대해 한마디도 하지 않았던 것에 비하면 분명 이례적인 행동이었다. 나중에 언론을 통해 알았지만 히딩크 감독은 유럽에서의 세 차례 평가전을 통해 나에 대한 확신을 갖게 됐던 것 같다.

유럽 전훈에서 돌아오는 비행기 안에선 그 어느 때보다 편안함을 느꼈다. 아픔을 참고 뛰면서 인정을 받았다는 게 뿌듯했다. 지난 반년간 부상으로 고심하던 기억이 마치 한 편의 영화처럼 눈앞을 스쳐갔다.

2 히딩크와의 첫 만남, 그리고 익숙해지기

어, 콧수염이 없네

히딩크 감독님을 처음 만난 건 지난해 1월 초 울산 현대호텔에서였다. 신문을 통해 히딩크 감독님이 대표팀 감독으로 영입됐다는 소식을 듣고, 98년 프랑스 월드컵에서의 얼굴을 떠올렸다. 당시 가장 먼저 떠올린 이미지는 히딩크 감독님의 콧수염이었지만, 울산에서 만났을 땐 콧수염이 없었다.

소집일 저녁, 숙소에서 만난 히딩크 감독님의 첫 느낌은 특별하진 않았다. 단지 아직 한국이란 나라에 낯설어하는 표정이 역력했다. 또한 선수들에 대해서도 다소 부담스러워하며 경계하는 것처럼 보였다. 소집 이튿날 주장으로서 히딩크 감독님과 개인면담을 했던 게 기억난다. 그때 히딩크 감독님은 잠깐의 만남에서 "한국선수들의 기본적인 부분을 존중하고 싶다"면서 기존에 있던 대표팀 분위기를 크게 바꾸지 않을 것임을 강조했다. 히딩크 감독님이 조심스럽게 한국선수들에게 접근하고 있다는 게 느껴졌다.

혼란의 시작

울산에서 가진 일주일 동안의 첫 훈련은 의문과 혼란의 연속이었다. 히딩크 감독님이 기본 전술로 채택한 4-4-2 시스템에서 네 명의 수비수가 일자로 서는 플랫포백 형태에 익숙하지 않았기 때문이다.

전술 이해에 대한 부담감은 생각보다 심각했다. 우선 나부터도 그 어느 때보다 긴장됐던 게 사실이다. 물론 프로팀에서 포백을

섰던 경험이 있다. 하지만 어릴 적부터 줄곧 가장 처져 플레이하는 스위퍼(최종수비수)로 뛰었던 내가 네 명의 수비진을 일자 대형을 세워 지휘한다는 게 결코 쉽지는 않았다. 특히 대표팀에서 12년째 뛰고 있지만, 플랫 포백은 한번도 해본 적이 없기 때문에 더더욱 난감했던 게 사실이다. 후배 중에는 포백 전술을 이해하기 어렵다면서 불안감을 감추지 못하는 선수도 상당히 있었다. 때문에 훈련이 끝나면 자주 마주앉아 포백 수비진에 대한 얘기를 나눠야 했다.

여기에 한 가지 더, 앞에서 언급했지만 히딩크 감독님이 부임하면서 대표팀 훈련에 참가했던 것이 후에 내게는 치명적인 부상의 빌미를 제공하고 말았다. 전년도 한 시즌을 뛴 것을 감안하면 연초엔 반드시 쉬면서 누적된 피로를 풀어줘야 한다. 하지만 히딩크 감독님의 부임으로 대표팀에 합류하면서 뜻대로 쉴 수도 없었고, 결국 이후 두 달간 이어진 대표팀 훈련으로 몸 상태가 급격히 나빠졌다.

대표팀 전훈의 여파는 리그에서 그대로 드러났다. 특별히 아픈 곳은 없었지만 전체적인 컨디션이 최악이었다. 때문에 지난해 상반기 J리그에서의 활약이 신통치 않을 수밖에 없었다.

돌아나는 확신

1월 말 울산 합숙훈련 이후에 가진 홍콩 칼스버그컵(Carlsberg Cup)대회는 히딩크 감독님에 대한 확신을 갖게 해준 대회였다. 홍콩 대회를 거치면서 느낀 것은 히딩크 감독님이 상당히 기본을 중시한다는 점이다. 패스, 슈팅, 전술 등에서 기본기를 무척 강조하는 모습이 인상적이었다. 또한 볼이 가는 곳에 선수 숫자가 우세해야 한다는 축구 경기의 단순한 진리에도 매우 충실했다. 이런 점은 훈련과 경기를 반복하는 과정에서 히딩크 감독님이 이전의 국내 감독과는 다르다는 것을 느끼게 하는 요인이었다.

홍콩대회는 별다른 문제 없이 지나갔다. 홍콩대회 이후 나는 소속팀 가시와 레이솔에서 실시하는 메디컬 체크를 받기 위해 일본으로 돌아갔다. 당시 홍콩을 떠날 때 히딩크 감독님이 "건강한 모습으로 두바이에서 보자"며 친근하게 인사말을 건넸던 게 기억에 남는다. 조금씩 우리에게 다가서고 있다고 느껴졌다. 메디컬 체크를 마친 직후, 24시간 동안 비행기를 타고 오만에서 전훈 중인 대표팀 캠프에 복귀했다. 당시 상당히 힘들었던 기억이 난다. 장시간 비행으로 밤을 새우고 새벽 다섯 시에 현지에 도착했지만, 눈도 붙이지 못하고

오전훈련에 나갔다. 더욱 이날 히딩크 감독님이 처음으로 체력 테스트를 실시해 더욱 어려웠던 것 같다.

체력 테스트는 낯설었다. 사실 이전에 대표팀의 체력훈련은 무조건 많이 뛰는 게 일반적이었다. 그러나 히딩크 감독님은 가슴에 맥박을 감지하는 띠를 차게 하고 손목에도 직접 심장 박동수를 볼 수 있는 특수시계를 차게 했다. 그리고 정해진 형식에 따라 뛰면서 지구력, 회복속도 등을 체크했다. 여독이 채 풀리지 않은 상태에서 가진 체력 테스트여서 부담이 됐지만 최선을 다했다. 무엇보다 노장인 만큼 체력적으로 문제가 없다는 걸 확인시켜주고 싶었다. 다행히 이날 테스트에서 나는 오랜 뛴 것으로는 중상위권을 차지했고, 특히

히딩크 감독님은 이전 감독과 달리
체력훈련을 무척 중요시했다.

회복속도가 팀 내에서 최고로 나와 무척 기뻤다. 아무튼 히딩크 감독님이 실시하는 일련의 훈련을 경험하면서 '월드컵에서 뭔가 해낼 수 있을 것 같다'는 확신을 얻게 됐다.

역시 스리백이야

히딩크 감독님은 1월 홍콩대회와 2월 두바이 4개국대회를 통해 한국선수들에게 맞는 수비 시스템을 찾느라 고민하는 흔적이 역력했다. 홍콩대회에서 계속 플랫 포백 시스템을 기본으로 한 4-4-2 포메이션을 고집하던 히딩크 감독님은 두바이로 건너오면서 4-4-2 포메이션과 3-5-2 포메이션을 병행했다. 두바이대회에선 첫 경기(모로코전 1-1무)와 세 번째 경기(덴마크전 0-2패)에선 포백 시스템을 썼고, 두 번째 경기(아랍에미리트전 4-1승)에선 스리백 3-5-2 포메이션 시스템을 활용했다. 그런데 경기 결과는 내 예상대로였다. 포백보다는 스리백 때 훨씬 경기력이 좋을 것이라는 게 내 예상이었고, 경기 결과는 그대로 나타났다. 사실 아랍에미리트전 전까지 세 번의 경기에서 줄곧 포백 시스템에 나섰던 나에게는 아랍에미리트전에서의 3-5-2 포메이션 스리백이 마치 '잘 맞는 옷'처럼 편안하고 자유로웠다. 당시 이런 느낌은 나뿐이 아닌 후배 선수들 모두 가졌을 것이다. 아마 히딩크 감독님도 이를 보면서 '한국선수들에겐 스리백이 잘 어울린다'고 느꼈을 거라 미뤄 짐작하게 됐다.

히딩크의 선수 고르기

대표팀 친선경기 차출 제한(7경기)으로 인해 지난해 4월 이집트대회에는 차출되지 않았다. 그러나 앞에서도 말했듯이 컨디션이 자꾸 떨어져 리그에서도 고생했고, 이를 반복하다가 5월 말 컨페더레이션스컵(Confederation's Cup)에 참가하기 위해 한국으로 건너왔다. 컨페드컵을 앞두고 소집된 대표팀의 분위기는 확실히 연초와는 달랐다. 히딩크 감독님은 컨페드컵에서 자신의 축구 색깔을 보여주겠다고 공언했던 만큼 준비에 많은 신경을 쓰는 눈치였다.

무엇보다 달라진 점은 히딩크 감독님이 선수간에 본격적인 주전 경쟁을 부추기기 시작했다는 것이다. 컨페드컵을 앞두고 가장 놀랐던 점은 설기현의 주전 선점이었다. 중앙수비수인 내 위치에 대한 변화 조짐은 없었다. 그러나 선홍이나 (최)용수 등 기존의 주전급 포워드가 멀쩡하게 버티고 있는데 이들을 제쳐두고 어린 설기현을 주전으로 훈련시키고 또 경기에 선발 출전시킨다는 점은 적잖은 충격이었다.

이를 계기로 히딩크 감독님이 자신의 스타일에 맞는 선수를 찾고 있다는 인상을 강하게 받았으며, 동시에 다소 느슨해진 긴장감이 바짝 조여왔다.

잊고 싶은 프랑스전

컨페더레이션스컵 개막전으로 치러진 프랑스전(5월 30일, 대구)은 정말 잊고 싶은 경기이다.

이날 경기 직전 나는 이상한 불안감을 느꼈다. 상대가 세계 최강 프랑스라는 점 이외에도 내가 이미 일본에서부터 컨디션이 극도로 나빠진 상태이고, 전술도 선수들이 아직 정확히 이해하지 못한 플랫 포백 시스템이라는 점 등이 영 마음에 걸렸다.

그런데 경기에 들어가자 내 우려는 그대로 현실로 드러났다. 한마디로 지금까지 내가 해본 축구경기 중 가장 어려운 게임이었다. 시간이 어떻게 갔는지도 잘 모르겠다. 상대 공격수들이 몰려올 때마다 손 한번 써보지 못하고 골을 허용하는 사태를 반복했다. 가뜩이나 몸 상태가 엉망이었던 나는 전반 30분이 지난 시점에 체력이 바닥을 드러내는 느낌을 받았다. 전반을 마쳤을 때 이미 팔다리에 힘이 쭉 빠져버렸다.

후반전에 들어서면서 '설마 ⋯⋯' 했는데 경기 결과는 치욕적이었다. 후반에도 추가골을 허용하면서 0-5 패배. 경기 직후 아무 말도 하기 싫었다. 취재진은 믹스드 존(Mixed-Zone, 공동인터뷰구역)을 지나가는 나에게 마이크를 들고 달려들었지만, 적당히 얼버무리며 재빨리 라커룸으로 돌아왔다.

프랑스전 패배는 일본으로 돌아가서까지 후유증이 남았다. 가시와로 돌아오니 소속팀 동료들이 '프랑스전을 봤다. 역시 프랑스가 세더라', '한국은 포백이 안 맞는다' 등등 위로(?) 비슷한 말을 건넸다. 그런 얘기를 들을 때마다 창피한 생각이 들었다. 일본이 결승까지 올라갔다는 소식도 영 귀에 거슬렸다. 하지만 결코 이를 확대해석해 한국이 일본보다 약하다고는 생각하지 않았다. 지금까지 대표팀 생활을 하면서 마음속에 자리잡은 생각은 '일본은 결코 한국을 이길 수 없다'는 것이었기 때문이다.

그나마 프랑스전 이후, 3-5-2 포메이션으로 나섰던 멕시코전에선 프랑스와는 전혀 다른 짜임새 있는 조직력을 보이며 2-1로 승리해 위안이 됐다. 멕시코전 직전에 선수들에게 '프랑스전은 빨리 잊자!'고 몇 번이나 강조했던 건 사실 나 자신에게 거는 주문이기도 했다.

3 세 번의 좌절, 네 번째 희망

인생의 마지막 월드컵을 앞두고

과거 월드컵에 세 차례 나가면서 절실히 느꼈던 점은 선수단의 분위기에 따라 결과가 달라진다는 것이다. 선수들이 얼마나 단결하느냐에 따라 경기 내용이 현저히 달라졌던 게 너무나 또렷하게 기억이 난다. 그래서 이번 월드컵을 앞두고 더욱 부담감을 느끼는지 모른다. 때문에 요즘엔 후배들을 편하게 해주려고 나름대로 노력을 한다. 말이 없는 성격과 무표정한 얼굴 때문에 후배들이 상당히 어려워하는 걸 알고 있다. 하지만 월드컵 때까지 나를 그렇게 어려워만 한다면 결코 제대로 경기력을 발휘할 수 없을 거란 생각이다. 처음엔 열 살 이상 차이가 나는 후배에게 먼저 말을 건다는 게 어색했지만 이젠 많이 익숙해졌다.

이번 참에 후배들에게 바라는 점을 말하고 싶다. 나는 지난 10년이 넘게 대표팀에서 여러 선후배들과 운동을 해왔다. 이 과정에서 느낀 점은 운동장에선 선후배 관계없이 선의의 경쟁을 해야 한다는 것이다. 과거엔 운동장에서도 후배가 선배에게 요구하는 건 용납되

○ 2001년 12월, 2002월드컵 본선 조추첨 모습

○ 94년 미국 월드컵에서 만났던 독일 클린스만(왼쪽에서 두 번째)을 지난 4월 월드컵 트로피투어 출정식 때 서울에서 다시 만났다.

지 않는 분위기였다. 그러나 이는 결코 경기력에 도움이 되지 않는다. 그러나 축구장을 나오면 선후배간에 예의는 지켜야 한다. 특히 갑자기 스타가 된 어린 선수들의 경우에 이런 면을 간과하는 경우가 간혹 있다. 이런 후배들에겐 '익을수록 고개를 숙이는 벼' 처럼 인격적으로도 스타답게 성숙해져야 한다고 충고하고 싶다.

마지막 월드컵이 다가올수록 긴장이 되고 신경이 날카로워지는 게 사실이다. 국민들이 월드컵 16강 진출을 얼마나 바라는지는 잘 알고 있다. 하지만 내가 월드컵 16강을 바라는 마음은 국민들의 몇 배는 될 것이다. 이번이 네 번째 월드컵이다. 개인적으로 정말 제대로 하고 명예롭게 은퇴하고 싶다. 이런 부담감 때문인지 사실 팀을 추스르고 이끌어야 한다는 생각보다 내 몸을 제대로 관리해야 한다는 생각이 앞서는 게 솔직한 심정이다. 축구인으로서 한마디한다면 이번 월드컵은 한국축구 수준을 한 단계 끌어올릴 수 있는 절호의 기회인 만큼 힘을 합쳐 성공적으로 개최했으면 한다.

멋모르고 뛰어다녔던 첫 월드컵 - 90년 이탈리아 월드컵

고려대학교 4학년 때인 89년 12월에 처음으로 대표팀에 발탁됐다. 당시 사령탑은 이회택 감독님이었다. 대학 초기에 수비수로 뛰던 나는 3학년 때부터 리베로로 포지션을 바꾸면서 전국대회에서 많은 활약을 했다.

나중에 안 얘기지만 나를 대표팀에 발탁하는 과정에서 당시 축구협회 직원이던 안종복 전 부산단장(현 이플레이어 대표)님이 나를 추천했고, 허정무 트레이너가 대학대회 때마다 찾아와 지켜봤다고 한다. 아무튼 나는 적잖은 기대를 받으며 대표팀에 합류했다.

처음 대표팀에 들어갔을 때 선배들에게서 느낀 위압감은 대단했

◯ 90년 북경 아시안게임에 출전했을 때 숙소 앞에서 동료들과 포즈를 취했다. 왼쪽부터 노정윤, 최순호, 김주성, 홍명보, 변병주
◯ 90년 이탈리아 월드컵 때 황선홍과 나는 막내로 출전했다.

다. 당시 대표팀에는 정용환, 최순호, 박경훈, 변병주, 김주성, 최강희 등 현 프로 지도자들이 대거 선수로 뛰고 있을 때였다. 선배들 앞에 서면 뭐라고 말문을 떼기조차 어려웠다.

나는 운이 좋았다. 대표팀에 발탁됐을 당시 대표팀의 중앙수비수였던 조민국 현 고려대 감독은 부상으로 훈련에 불참했고, 월드컵 예선에서 수비수로 뛰었던 조윤환 현 전북 감독은 이미 대표팀 명단에서 빠진 터였다. 때문에 나는 이듬해 1월 몰타 동계훈련 때부터 주전처럼 훈련했고, 2월 노르웨이와의 평가전에서 A매치에 데뷔할 수 있었다. A매치 데뷔전은 워낙 얼떨떨한 상태에서 뛰어서 그런지 별 기억이 없다. 다만 주변에 쟁쟁한 선배들이 있는 만큼 내 주어진 역할만 충실히 하면 된다는 마음으로 뛰었다. 이후 나는 두 차례 평가전에 풀게임으로 출전하면서 곧 주전자리를 굳혔다.

드디어 월드컵 첫 출전, 그러나…

당시 전훈은 몰타, 이라크, 이집트, 스페인 등지를 돌면서 한 달 정도 이어졌다. 첫 대표팀 전훈이었던 만큼 낯선 생활에 적응하느라 애를 먹었던 게 사실이다. 더욱이 당시 나는 막내였기 때문에 갖은 잡일은 도맡아 해야 했다. 우선 식사 때마다 항상 고추장을 들고 다녔던 게 기억난다. 하지만 이회택 감독님은 '외국에서 고추장을 먹지 말라'고 했기 때문에 자칫 엘리베이터에서라도 고추장을 든 채 이감독님을 만나면 호되게 야단을 맞곤 했다.

고추장 외에도 훈련 때마다 물, 아이스박스, 공 등을 직접 챙겼다. 지금도 당시 훈련 때마다 공에 바람을 넣던 기억이 생생하다. 막내였기 때문에 마사지도 제대로 받을 수 없었다. 지금이야 순서대로 마사지를 받지만 당시만 해도 막내는 선배들이 모두 마사지를 받은

◉ 90년 이탈리아 월드컵에 출전했을 때 베니스에서 포즈를 취했다.

◉ 90년 이탈리아 월드컵 출전 선수들

후에 밤늦게 마사지룸을 찾아야 했다.

　나는 생애 첫 월드컵에서 세 게임 모두 주전 중앙수비수로 90분 내내 출전했다. 경기 결과는 벨기에전 0-2패, 이탈리아전 1-3패, 우루과이전 0-1패로 실망스러웠다. 당시 이감독님을 비롯해 선배들은 모두 승부에 상당히 집착하면서 부진한 성적에 허탈해했다. 하지만 나는 별로 승패에 연연하지 않았고, 그저 월드컵에 출전했다는 사실만으로 즐거워했다. 막내였기 때문에 부담감이 없었던 탓이지 싶다. 지금 생각하면 선배들에게 매우 죄송하지만 그때는 그랬다.

　아무튼 그렇게 정신없이 월드컵을 마치고 귀국해 보니 한국에선 내가 어느새 유명 선수가 돼 있었다. 특히 학교에서 지나가는 학생들이 나를 흘깃흘깃 쳐다보는 게 낯설면서도 나쁘지 않았다.

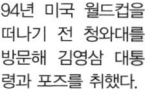

94년 미국 월드컵을 떠나기 전 청와대를 방문해 김영삼 대통령과 포즈를 취했다.

최강의 월드컵 멤버 - 94년 미국 월드컵

김호 감독님이 지휘했던 미국 월드컵은 역대 월드컵 중에서 가장 잘 해낸 대회였다.

미국 월드컵에선 유독 자신감이 넘쳤던 것 같다. 막내로 뛰었던 90년 이탈리아 월드컵 때와는 달리, 이미 4년간 대표선수로 뛰면서 팀 분위기에 충분히 익숙해졌다는 게 가장 큰 이점이었다. 이외에도 김호 감독님은 나를 리베로로 활용하면서 매우 자유스럽게 플레이할 것을 주문했다. 내 기량을 마음껏 펼칠 수 있는 기회를 준 것이다. 그리고 지금 생각해봐도 미국 월드컵 멤버는 역대 월드컵 대표팀 중에서 최강의 멤버로 구성됐던 것 같다. 물론 특출난 스타플레이어가 많지는 않았지만, 미드필더에 노련한 선배인 이영진, 김주성 등이 있었고, 수비수 정종선과 골키퍼 최인영 등도 경험 많은 선배들이었다. 내 비슷한 또래로는 황선홍, 서정원, 노정윤, 고정운 등이 있었다. 연령 면에서도 전체적으로 조화가 잘 이뤄진 팀이었다.

월드컵 첫 골의 기억

첫 경기인 스페인전은 내가 뛴 월드컵 경기 중에서 가장 잘했던 게임이다. 경기 초반이 영 게임이 풀리지 않았고 전반에간 두 골을 내줬다. 이후 나는 적극적으로 공격에 가담했다. 그러나 후반 중반이 되자 경기가 한국 쪽으로 기울기 시작했다. 그러던 중에 얻은 프리킥은 내게 월드컵 첫 골의 감격을 안겨줬다. 주심의 휘슬이 불린 직후 오른발로 볼을 정확히 강하게 찼다. 발을 떠난 공이 상대 수비수에 맞아 방향이 바꾸어 그대로 골대 안으로 빨려 들어가는 것이 아닌가! 월드컵 첫 골! 그러나 경기에 지고 있다는 생각 때문인지 그다지 감흥은 크지 않았다. 그러나 얼마 후 역전할 수도 있다는 생각이

들었다. 경기 종료 5분을 남기고 내가 아크 부근에서 찔러준 스루패스를 서정원이 동점골로 연결하면서 경기가 원점으로 되돌아갔기 때문이다. 나는 막판 뒤집기에 대한 희망을 버리지 않고 끝까지 상대 진영에서 적극적으로 공격에 가담했다. 그러나 결국 그토록 염원하던 역전골은 터지지 않았다. 경기가 끝난 후 너무 아쉬웠지만 그래도 만족스러운 경기였다. 월드컵 첫 골을 터뜨린 것을 차치하고라도 이날 나는 거의 패스미스를 하지 않았을 정도로 역량껏 게임을 풀어 나갔기 때문이다.

두 번째 경기는 우리가 1승 상대로 지목했던 볼리비아였다. 그러나 경기는 팽팽하게 진행됐고, 결국 골이 터지지 않아 득점 없이 비기고 말았다. 전 게임에서 적극적으로 공격에 나섰던 나는 '무조건 실점을 막으라' 는 김호 감독님의 특명을 받고 수비에만 전념했다.

독일전에서 터진 짜릿한 중거리슛

마지막 경기였던 독일전은 내게 평생 잊을 수 없는 경기다. 전 대회 우승국인 독일은 당시 세계 최고의 전력을 자랑하는 강호였다. 이런 팀과 맞붙는다는 데 큰 부담감을 느꼈으며 한편으로는 영광스럽기까지 했다. 독일전은 최악의 조건에서 벌어졌다. 경기가 열리는 낮 시간에 운동장 기온이 섭씨 40도까지 치솟았다. 그라운드에 가만히 서 있기만 해도 숨이 막힐 지경이었다. 상대가 워낙 강팀이라 경기 전부터 선수들이 상당히 긴장했던 것도 걱정거리였다.

경기가 시작되자 전력 차이가 피부로 느껴졌다. 독일은 순식간에 세 골을 넣으며 달아났다. 독일 공격수 클린스만은 내가 보는 앞에서 두 골을 때려넣었다. 사실 세 번째 골이 터진 이후에는 포기 상태였다고 해야 정확한 표현일 것이다. 그런데 경기가 후반 중반에 다 다르자 예기치 않은 상황이 벌어졌다. 독일 선수들이 고온에 이기지 못해 체력이 급격히 떨어지는 게 느껴졌다. 이틈을 타 선홍이가 만회골을 터뜨렸다. 우리 경기력이 살아나고 있음을 직감했다. 나는 적극적으로 공격에 나섰고 잠시 후 찬스가 났다. 상대 중앙 미드필드 지역에서 아크 쪽으로 볼을 몰고 가다가 상대 수비수가 떨어져 있는 것을 발견하고는 그대로 오른발 슛으로 연결했다. 임팩트 순간

94년 미국 월드컵 독일전에서 골을 터트린 뒤 환호하는 모습

'잘 맞았다'는 생각이 들었고, 이내 볼은 빨랫줄처럼 골대 안으로 빨려들어갔다. 월드컵 두 번째 골이었다.

내가 월드컵에서 두 골씩이나 넣을 거라곤 꿈에도 생각하지 못했다. 겉으론 태연한 척했지만 속으론 표현할 수 없을 정도로 감정이 벅차 올랐다. 이후 동점골까지 터뜨릴 수 있다는 자신감이 들었지만 결국 경기는 그대로 끝났다.

내가 스타가 되다니……

경기가 끝나고 숙소로 돌아오자 고문이었던 비쇼베츠가 나를 불렀다. "내 친구가 유럽의 유명한 에이전트다"라고 말문을 뗀 비쇼베

비쇼베츠와 함께 찍은 사진

츠는 "너를 영입하고 싶다는 구단이 있다. 독일 2개 팀, 스페인 1개 팀에서 너를 영입하겠다는 오퍼를 보내왔다"고 했다. 비쇼베츠는 다소 흥분된 목소리로 말을 이었다. "지금 네가 결정만 한다면 당장 여기서 성사시킬 수 있다. 네 생각은 어떠냐?" 면서 대답을 부추겼다. 그러나 나는 당장 그 자리에서 답을 할 수 없었다. 지금이야 에이전트 제도가 활성화 돼 있지만 당시만 해도 내 거취는 전적으로 구단의 의지에 달려 있었다. 당연히 사전에 구단과 합의를 해야 했지만, 월드컵 직후인 당시엔 그럴 겨를이 없었다. 아무튼 이후 시간이 흐르면서 나의 유럽 진출은 그렇게 시간 속에 묻히고 말았다. 지금 생각하면 내 축구인생이 바뀔 수도 있는 중요한 순간이었다. 보다 신중하게 행동해야 했다는 아쉬움이 영 가시지 않는다.

한 가지 기억이 나는 건 그날 밤 룸메이트였던 선홍이와 영 서먹서먹했다는 것이다. 당시 기대를 한몸에 받던 선홍이는 한 골을 넣은 반면, 수비수인 나는 두 골을 넣었으니 선홍이 입장에선 그것이 못내 마음에 걸린 모양이다. 물론 나에 대한 질투심보다는 스스로의 플레이에 못마땅했던 마음이었을 것이다.

월드컵을 마치고 김포공항에 도착하니 나는 어느새 대형스타가 돼 있었다. 내가 김포공항 입국장을 빠져나왔을 때 공항 내부는 환영 인파로 발 디딜 틈이 없었고, 많은 사람들이 '홍명보'를 외치고 있었다. 취재진도 나에게만 몰려들어 인터뷰 요청을 했다. '내가 스타가 되다니······.' 상당히 오랜 시간 인터뷰를 했던 것으로 기억한다. 하지만 속으로는 빨리 돌아가 쉬고 싶었다.

차범근 감독님과의 인연 – 98년 프랑스 월드컵

차범근 감독님을 처음 만난 것은 97년 1월 월드컵 대표팀이 출범

했을 때였다. 차감독님과 만나자마자 겪은 일이 생각난다. 당시 나는 유럽에 진출할 수 있는 테스트 건이 하나 있었고, 우연히도 대표팀 소집기간과 겹치는 바람에 부득불 차감독님께 이를 의논해야 했다. 그런데 차감독님은 '가지 마라. 그런 형식으로 가서는 성공할 수 없다'면서 만류했다. 일단 나는 유럽에서 오래 활약한 만큼 유럽 지적에 대해선 잘 알고 있겠지 하고 차감독님의 조언에 따랐다. 그러나 한편으로는 기분이 언짢았던 게 사실이다. 유럽으로 건너가 성공하는 게 왜 차감독님만 되고 난 안 된단 말인가! 속으로 다소 서운한 마음이 없었던 건 아니지만 나는 결국 차감독님의 권유대로 테스트를 포기하고 대표팀 소집을 택했다.

차감독님의 지휘 스타일은 남달랐다. 평소 옷을 맞춰 입고 다니고, 어딜 갈 때도 모두 같이 움직였다. 또 매일 미팅을 했다. 사

실 이런 스타일은 나에겐 낯설었다. 종전에 대표팀에선 이런 적이 없었기 때문이다. 이는 전형적인 유럽 클럽의 스타일이다. 개인적으로 선수는 무조건 감독 스타일에 맞춰야 한다고 생각하기 때문에 별다른 거부감은 없었다. 시간이 지나면서 점점 적응하게 됐고, 모든 일정이 경기력과 연결되고 있음을 알게 됐다.

어색한 팀 분위기, 그리고 멕시코에의 역전패

프랑스 월드컵 직전의 대표팀 분위기는 최고로 좋다고 할 수는 없었다. 무엇보다 선후배간 의사소통이 100퍼센트 잘 이뤄져 단결된다는 느낌이 없었다. 나부터 일본에 진출해 있었고 다른 선수들 중에도 해외파들이 많았기 때문에 대표팀에서 오래 지내지 못하는 이들을 한데 묶어줄 구심점이 필요했다. 하지만 이런 역할을 제대로 해준 선배가 없었던 것 같다.

프랑스 월드컵 첫 경기인 멕시코전에서 석주 형의 첫 골이 터졌을 때 무척 흥분했다. 뭔가 될 것 같은 기대감이 몰려왔다. 그러나 그런 기분도 잠시였다. 석주 형이 이내 퇴장을 당했고 후반 들어 동점골을 허용하면서 분위기가 멕시코 쪽으로 기울었다.

결국 멕시코전에서 패하고 나왔을 때 가장 걱정이 됐던 것은 석주 형이었다. 사실 선수단 내부에선 그 누구도 석주 형이 잘못했다고 생각하지 않았다. 또한 석주 형이 팀 분위기를 망쳤다고 생각하지도 않았다. 팀 동료라면 누구나 경기 중에 그런 상황이 있을 수 있다고 일체감을 느끼고 있기 때문이다. 그래서 경기 후에 아무도 석주 형에게 특별히 말을 건네지 않았다. '신경 쓰지 말라'는 등의 말조차 없었다. 이는 석주 형에게 말을 걸고 싶지 않아서가 아니라 선수들이 그런 상황에 개의치 않음을 반증하는 것이다.

네덜란드전 참패와 차범근 감독의 경질

두 번째 경기였던 네덜란드전은 악몽이었다. 당시 벤치에서 큰 몸동작으로 선수들을 호령하던 콧수염이 난 히딩크 감독의 인상이 강렬하게 남아 있다. 경기가 시작되었을 땐 상대가 별로 잘한다고 느끼지 않았다. 그러나 경기가 진행될수록 분위기는 180도로 달라졌다. 처음에는 패스도 잘 안 되는 것 같던 네덜란드는 결코 찬스를 놓치지 않았다. 매번 위기 때마다 손 한번 써보지 못하고 실점하고 말았다. 결국 스코어는 월드컵 사상 처음으로 0-5라는 점수 차로 벌어졌다. 후반에는 차라리 경기가 빨리 끝났으면 하는 바람뿐이었다. 경기가 끝난 후 '이게 차이구나' 하고 느꼈다. 경기가 끝나고 숙소로 돌아왔을 때에는 힘이 빠져 탈진 상태였던 데다 참패의 충격도 가시지 않아 영 밥맛도 없었다. 더욱이 식사 자리에 모여 동료들과 얼굴을 맞대기조차 싫었다.

그런데 이튿날 우려하던 일이 벌어졌다. 지금까지 월드컵에 출전하면서 겪은 일 중 가장 슬픈 일이 눈앞에서 펼쳐졌다. 아침식사를 하고 모인 미팅 자리에 축구협회 조중연 전무님이 있었다. 조전무님은 한참을 망설이더니 "차감독을 경질한다"고 말했고, 순간 선수단에는 침묵이 흘렀다. 월드컵 기간 중에 감독이 경질되다니……. 그 누구보다 내가 죄책감을 느꼈던 건 당연했다. 속으로 '차감독님은 나에게 한마디도 하지 않았지만 내가 대량 실점을 한 데 가장 큰 책임이 있다'고 생각했다. 더 이상 그 자리에 앉아 있고 싶지 않았다. 방으로 돌아온 이후에는 한 발자국도 밖에 나가지 않고 틀어박혀 아무 말도 하지 않았다. 그날 내내 지독한 괴로움이 내 머리를 짓눌렀다.

투혼의 벨기에전

마지막 경기인 벨기에전에선 어떻게든 분위기를 바꿔보려고 애썼다. 당시 수비수였던 이임생이 머리에 부상을 당하고 피를 흘리면서까지 혼신을 다했던 기억이 난다. 아무튼 마지막 게임은 선취골을 내주고도 유상철이 동점골을 기록해 그나마 다행이었던 것 같다. 월드컵에서 돌아온 이후 곧장 일본행 비행기에 올랐다. 무엇보다 한국에 더 이상 머물기 싫었기 때문이다. 그야말로 악몽 같은 월드컵이었다.

지난해 말 부산에서 열린 한일월드컵 조추첨에서 우연히 차감독님을 만났다. 지난 98년 네덜란드전 이후 3년이 훨씬 흐른 뒤에 다시 얼굴을 볼 수 있었다. 죄책감이 고개를 들었지만 용기를 내서 인사를 했다. "안녕하세요. 두리는 잘 있나요? 요즘 두리 때문에 기분 좋으시죠?" 몇 마디의 인사에 차감독님은 웃으며 응대해주었다. 차감독님을 뒤로하면서 시간이 많이 흘렀다는 생각을 했다.

마지막으로 프랑스 월드컵 때 에피소드 한 가지. 월드컵 기간은 한 달이나 되기 때문에 후반에 가면 상당히 지루하다. 국내에선 각종 매체를 통해 보도되는 월드컵 소식으로 술렁거릴지 모르지만 정작 월드컵에 출전하는 선수들은 훈련 시간 외에는 하릴없이 빈둥거리기 일쑤다. 때문에 프랑스에선 쉬는 시간마다 호텔 뒤에 있는 연못에 가서 낚시를 하곤 했다. 아마 월드컵에 출전한 국가대표가 한가하게 연못에서 낚시를 하는 모습을 상상하는 이는 없을 것이다.

제2장 ⋯⋯ J리그통신

2
J리그통신

1 | J리그와 일본구단
2 | 세계는 넓고 뛸 곳은 많다
3 | J리그 선수관리, 이렇게 다르다

1 J리그와 일본구단

"이 글은 99년 3월부터 2001년 12월까지 스포츠투데이에 연재했던 'J리그통신' 중 주요 칼럼을 발췌한 내용입니다."

일본축구의 자양분 J2리그

일본 프로축구는 한국과 달리 선진축구에 많이 근접해 있다.

풍부한 자본을 바탕으로 한 잘 갖춰진 시설과 구단의 선진 경영, 여기에 걸맞은 재미있는 경기는 오랜 전통을 자랑하는 유럽리그의 축소판이라 해도 과언이 아니다.

특히 1, 2부로 나눠 운영하는 J리그는 한국에서 볼 수 없는 많은 흥미를 제공한다. 일본에서는 한 해 농사를 마무리짓는 시즌 마감 때면 어느 팀이 우승할 것인가보다 어느 팀이 2부리그로 추락하느냐에 더 큰 관심이 쏠린다. 16개 팀으로 구성된 J1리그 중에서 매년 하위 2개 팀이 J2리그로 떨어지고, J2리그의 상위 2개 팀이 J1리그로 승격한다. J1리그와 J2리그는 스폰서나 관중동원 등 수입과 인기에서 엄청난 차이가 나기 때문에 각 팀들은 어떻게든 J1리그에 잔류하거나 J2리그에서 J1리그로 승격하려고 사력을 다한다.

자연 팬들도 우승팀을 지켜보는 것보다 J1리그와 J2리그로 희비가 엇갈리는 팀들을 지켜보는 것에 더 큰 흥미를 느끼고 있다.

사실 J2리그는 일본축구를 지탱하는 풀뿌리다. J2리그는 J1리그와 달리 시즌 내내 경기가 벌어진다. J1리그가 전후기 각각 15게임으로 총 30게임밖에 치르지 않는 반면, J2리그는 1년에 44게임이나 치른다. 전후기 우승팀이 챔피언 결정전을 치르는 J1리그와 달리 J2리그는 단일리그로 우승팀을 가린다.

1년에 44게임을 치른다는 것은 좀 무리인 듯싶으나, J리그 연맹은 실전을 통해 J2리그 팀들의 수준 향상을 꾀한다는 목적 아래 일부러 많은 게임을 잡아놓았다.

일본은 지난 97년부터 'J리그 백년구상'이라는 장기적인 계획 아래 시스템을 모두 바꿨다. 그 이전에는 JFL이라고 해서 실업축구리그가 있었는데 이것을 프로 2부리그로 바꿔놓은 것이다.

J2리그라고 해서 인기가 없는 것도 아니다. J2리그 팀들은 대부분 지방 중소도시를 연고지로 하고 있지만, 이젠 지역마다 축구 마니아들이 생겨나 어느 정도 고정관객을 확보하고 있다. 평균 5,000명 정도의 관중이 입장하고 빅게임일 때는 1만 명이 넘는 많은 관중이 들어오기도 한다.

이처럼 J2리그가 튼실한 뿌리 역할을 하고 있기 때문에 J1리그도 안정된 기반 속에 탄탄한 성장을 거듭하는 것이다.

1부리그 팀도 고작 10개에 그친 데다 2부리그는 아예 꿈도 꿀 수 없는 한국으로서는 언제 일본을 따라잡을 수 있을지 참으로 걱정스럽기만 하다. 한국도 늦기 전에 근본적인 제도 개선이 필요하다. 제도적인 뒷받침이나 기본 인프라 없이 프로축구가 잘 됐으면 하는 것은 지나친 욕심이 아닐 수 없다.

훌쩍 큰 일본축구, 체계적 투자의 결실

일본축구가 그 동안 뿌린 거대한 투자가 비로소 결실을 맺기 시작했다.

　유소년, 청소년은 물론 프로팀까지 실력이 한 해가 다르게 일취월장하고 있음을 느낀다. 일본은 99년 나이지리아 세계청소년선수권대회에서 일약 준우승을 차지하며 전세계에 일본축구의 강렬한 인상을 남긴 데 이어 2000년 시드니올림픽 8강, 2000년 아시안컵 우승, 2001년 컨페더레이션스컵 준우승 등 각종 국제대회에서 좋은 성적을 거뒀다.

　이제 한국과도 격차가 많이 벌어지고 있다. 축구에 관심이 높은 팬들이라면 최근 벌어진 한일간의 유소년 경기에서 한국이 시원하게 이긴 소식을 별로 접하지 못했을 것이다. 고교·대학 경기는 물론이고 하다못해 초·중등학교의 한일 대항전에서도 한국은 열세를 면치 못하고 있다.

　예전에는 실력이 모자라도 '일본에만은 절대 질 수 없다'며 '악으로 깡으로' 버텼는데 요새는 그것도 안 통하는 느낌이다. 사실 일본 축구는 그 동안 체계적인 투자를 해오며 무섭게 성장했다. 93년 프로 출범과 함께 클럽시스템을 정착시켰고, 각 클럽들은 유소년 프로그램을 충실히 이행하며 선수를 키워나갔다. 필요하면 유학도 보내고 사철잔디의 질 좋은 환경에서 재목들이 무럭무럭 성장할 수 있게 도왔다.

　선수들의 의식도 한국과는 판이하게 다르다. 학력 우선주의 사회인 한국에선 선수들이 전문 축구선수로 성공하기보다는 대학 진학을 인생의 1순위 목표로 삼는다. 때문에 고교졸업 후 프로에 직행하는 선수는 거의 드물다.

　프로와 아마추어는 확연히 다르다. 이것은 경기운영 능력에서 잘 드러난다. 아무래도 프로에서 정상급 선수들과 겨루다 보면 배울 것

이 많다. 시야도 넓어지고 무엇보다 경기의 맥을 짚고 게임을 읽는 능력이 좋아진다. 또 프로에서 큰 게임을 많이 뛰어본 경험은 빅게임을 소화하는 데 더없이 훌륭한 재산이 될 것이다. 어쨌든 일본선수들은 큰 게임에 당황하는 기색이 역력한 한국선수들과는 기본적으로 차이가 많았다.

유소년팀 활성화가 일본축구의 원동력

FC 요코하마는 98년 일왕배 우승을 끝으로 해체된 요코하마 플루겔스 프로축구단을 시민들의 성금으로 재탄생시킨 실업팀이다. 스폰서가 지원을 중단해 플뤼겔스는 해체와 함께 이름이 없어지고 요코하마 마리노스 구단과 합쳐졌다. 하지만 요코하마 시와 시민들은 성금을 거둬 플뤼겔스 축구단의 명맥을 이었다. 그렇게 탄생한 것이 FC 요코하마이다.

FC 요코하마는 시민들이 한푼 두푼 모은 돈으로 운영하기 때문에 재정이 탄탄하다고 볼 수는 없다. 그런 팀에서 최근 13세, 15세, 고등학생 등 3개의 유소년팀을 창단했다. 한국식으로는 언뜻 이해가 되지 않는 부분이다. 가뜩이나 재정이 취약한 팀이 유소년팀을 운영한다는 것은 쉽게 상상하기 어려운 일이기 때문이다.

더구나 유소년팀을 창단한다고 해서 즉시 전력에 보탬이 되는 것도 아니기 때문에 조급하고 당장의 결과만을 중시하는 한국 정서로는 쉽게 이해가 되지 않을지 모른다. 하지만 일본은 다르다. 당장 이익이 나지 않더라도 중장기 계획을 세우는 데 주저하지 않는다. 결정권자가 자신의 재임기간 중 뚜렷한 결과가 나오지 않더라도, 후임자가 그 열매를 딸 수 있도록 튼실한 토양을 만드는 일에 노력을 아끼지 않는다.

일본의 각 프로팀에서는 유소년팀 운영을 필수로 하고 있다. 프로에 진입하기 위해서는 꼭 유소년팀을 갖춰야 한다. 93년 프로 출범과 함께 발효된 이 조항은 7년이 지난 오늘날 뚜렷한 효과가 곳곳에서 나타나고 있다. 우리 팀만 해도 주전 가운데 3~4명이 클럽 유소년팀 출신이다. 다른 구단도 마찬가지다. 각 클럽의 유소년팀에서 성장한 선수들이 곧장 프로로 직행, 주전으로 뛰는 선수들이 많다.

한국에서는 프로팀이 유소년팀을 운영하는 경우는 거의 없다. 대신 프로팀들은 각 지역의 학원스포츠를 지원한다. 엘리트축구만 도와주는 셈이다. 축구를 좋아하는 아이들이 축구에 참여할 수 있는 기회라고는 동네축구나 'ㅇㅇㅇ 어린이 축구교실' 정도가 전부이다.

유소년팀 운영에 많은 돈이 드는 것도 아니다. 돈 없는 시민구단인 FC 요코하마도 하지 않는가. 한국도 프로팀들이 좀더 장기적인 안목을 가지고 유소년 육성에 적극적인 투자를 해야 할 것이다.

'선수 해외행' 적극 밀어주는 일본구단

일본선수들의 해외진출을 보면서 한국과 큰 차이가 있다는 걸 느낀다.

일본은 최근 몇 년 사이 선수들의 해외진출이 러시를 이루고 있다. 나나미, 조 쇼지, 나카타, 오노 신지, 이나모토, 가와구치, 니시자와, 다카하라 등 최근 외국물을 먹고 온 선수들이 꽤 된다.

일본에서는 선수가 해외진출을 원하면 구단에서 적극적으로 밀어준다. 비록 선수는 구단에 묶인 몸이지만 구단에서는 선수 개인의 의견을 최대한 존중하려고 애쓴다.

이런 일본구단의 마인드는 다소 폐쇄적인 한국과 큰 차이를 보인다. 한국선수들이 해외로 진출하려면 구단과 거의 싸움을 하다시피 해야 한다. 최소 몇 년 이상 '봉사'를 해야 겨우 허락을 받아낼 수 있다.

나 자신도 94년 미국 월드컵 이후 독일 등 유럽의 확실한 2~3개 팀에서 입단 제의를 해왔으나, 팀에서 놓아주지 않아 결국 꿈을 실현시키지 못했다.

물론 최근에는 2002월드컵에 대비하기 위해 여론에 밀려 일부 선수들을 해외로 보내기도 하지만 아직은 미흡한 듯싶다. 이렇다 보니 실력 있는 후배들 중에는 프로구단 입단을 꺼리는 선수도 있는 모양이다.

구단 이기주의보다 선수의 장래와 축구 발전이라는 좀더 큰 틀을 생각하는 일본구단의 오픈 마인드는 곰곰이 되새겨볼 만하다.

한일 축구 대담에서 한국대표로 나선 모습

트레이드에 대한 한국과 일본의 상반된 시각

일본에서 생활하며 느낀 점은 트레이드가 한국보다 무척 활발하게 이루어지고 있다는 사실이다. 물론 한국처럼 간판급 스타들의 트레이드는 쉽지 않다. 하지만 경기에 나갈 수 있는 충분한 재능을 갖추고도 감독 스타일에 맞지 않아 출전 기회를 잡지 못하는 선수 대부분은 트레이드를 통해 '구제' 된다.

일본에선 선수가 먼저 트레이드를 요청하는 경우가 많다. 합리적이다 싶으면 구단이나 감독들이 대부분 요구사항을 들어준다. 팀 전술에 맞지 않아 쓰지 않는 선수를 굳이 붙잡아둘 필요는 없다. 다른 팀에 가면 충분히 주전으로 뛸 수 있기 때문에 선수의 장래를 위해서라도 트레이드를 시켜준다.

때문에 A팀에서는 거의 뛰지도 못한 선수가 B팀, C팀으로 이적해 자신의 자리를 찾고 뛰어난 기량을 발휘하는 경우를 심심찮게 목격할 수 있다. 지난 99년엔 일본의 간판 수비수인 이하라(요코하마)가 공개적으로 트레이드를 결정한 뒤 경쟁팀인 주빌로 이와타로 옮겼다. 한국에선 좀체 있을 수 없는 일이지만, 팀 내 간판스타라도 전술에 맞지 않는다면 과감히 시장에 내놓는 게 J리그 풍토이다.

일본과 비교해볼 때 한국은 트레이드에 대해 왜곡된 생각을 가지고 있다고 본다. 예전보다 많이 나아지긴 했지만, 선수들도 트레이드가 축구인생의 종착역이라는 생각을 버려야 하고 구단들도 트레이드에 대한 마인드를 바꿔야 한다.

한국에선 자신의 팀에서 쓰지 않는 선수라도 웬만해서는 트레이드 시장에 내놓지 않는다. 혹 다른 팀에 가서 자기 팀에 악의를 품고 비수를 꽂지 않을까 해서다. 그래서 쓰지 않더라도 꽁꽁 잡아놓는다. 선수가 먼저 트레이드를 요청하는 것은 거의 '항명' 으로 받아들여진다. 그렇다고 그 팀에서 선수 인생을 책임지는 것도 아니다.

한국에서 뛰면서 그렇게 스러져간 선수들을 많이 봤다. 이제껏 축구만 해왔던 선수가 자신의 기량을 발휘할 팀을 찾지 못해 그대로 운동을 그만둔다면 그보다 더 비참한 일도 없다.

한국에선 선수가 늘 약자다. 구단이 '아량'을 베풀지 않으면 절대 다른 팀으로 가지 못한다. 선수들의 목소리는 반영되지 않고 구단의 일방적인 방침에 그저 끌려갈 수밖에 없는 게 현실이다. 이제 구단이나 선수 모두 트레이드에 대한 폐쇄적인 사고방식을 떨쳐내고 일본처럼 모두가 함께 공생할 수 있는 방법을 생각해야 한다.

세계 흐름 맞추는 가을리그 개막

일본이 오는 2006년부터 가을에 리그를 시작하는 방안을 신중히 검토하고 있다.

J리그 이사회에서 나온 공식적인 얘기이고, 말을 아끼고 일 처리에 신중한 일본인의 속성상 분명 가을리그 개막을 관철시킬 것으로 보인다.

J리그를 유럽시즌에 맞추면 외국인 선수 영입에 플러스가 크다고 판단해 가을 개막을 준비한다고 했는데, 이렇게 되면 상대적으로 일본과 시즌이 다르게 될 한국은 J리그 진출이 힘들 전망이다.

일본이 유럽시즌을 따르려는 것은 세계적인 축구 흐름을 따라가려는 의지의 표현이다. 일본이 가을에 시즌을 개막한다고 해서 크게 문제될 것은 없다. 가장 큰 걱정거리로 날씨를 떠올리겠지만 잘 따져보면 문제가 전혀 없다. J리그 팀들은 북쪽 삿포로를 연고지로 하는 삿포로 콘사도레 클럽을 제외하고는 대부분 도쿄 부근이나 그 아래에 있다.

　도쿄만 해도 겨울에 운동을 아예 못 할 정도로 춥지는 않다. 한국의 FA(축구협회)컵 격인 일왕배만 해도 12월에 막바지 토너먼트를 열고, 매년 1월 1일 도쿄 국립경기장에서 결승전을 치른다. 12월이나 1월에 축구를 할 수 있을 만큼 날씨에 구애받지 않는다. 또 일본의 프로축구 개막이 매년 3월 초였던 것에서 알 수 있듯 3월의 날씨는 축구하기에 좋다. 결국 겨울 추위가 반짝하는 2월만 피하면 된다는 얘기인데 이 또한 문제될 게 없다. J리그는 전기와 후기로 나눠 치러지기 때문에 2월에는 중간 휴식기로 정하면 된다. 올해도 독일 분데스리가의 경우는 추운 날씨를 고려해 1월 한 달간은 쉰다.
　또 일본 후쿠오카나 미야자키 등의 남부지방은 날씨가 따뜻하기 때문에 한겨울에는 장소를 옮겨서 치를 수도 있다.
　한국도 세계적인 추세에 맞춰 가을에 개막하는 것이 좋겠지만, 날씨 등을 감안하면 현실적으로 엄청난 무리가 따를 수밖에 없다. 일본의 가을리그 개막 추진 소식을 접하면서 이로 인해 일본에 또 한 단계 뒤쳐지는 것은 아닌지 걱정스러운 마음을 떨쳐버릴 수 없다.

원칙 지키는 J리그 제도 운영

일본이 리그를 전후기로 나는 것은 93년 프로 출범 대부터이다. 10년이 흐른 오늘까지 이 골격이 흔들린 적은 단 한번도 없다. 연장전을 도입하고 승부차기 제도를 없애는 등 작은 변화가 있긴 했지만, 리그제를 바꾸는 등 전체를 흔드는 대수술은 이제껏 없었다.

반면 한국은 정신이 하나도 없다. 조금 잘 안 된다 싶으면 제도를 마음대로 뜯어고친다. 정말 심하다 싶을 정도이다.

나는 92년 포항을 통해 K리그에 첫발을 내디뎠는데 그 동안 제도가 세 번 바뀌었다. 맨 처음엔 단일리그로 운영했고, 95년엔 지금의 일본처럼 전기, 후기리그에 챔피언 결정전을 치렀다. 그러나 이 제도도 2년을 버티지 못하고 97년엔 다시 단일리그로 환원됐다. 부활된 단일리그도 1년을 버티지 못했다. 98년부터는 4강 플레이오프제가 탄생했다. 또 이것도 오래 못 가고 지난해부터는 단일리그로 다시 환원됐다.

물론 팬들을 위한다는 얘기에는 할말이 없다. 하지만 어느 정도 원칙과 균형을 지킨 상태에서 제도를 유지해야 전통도 생겨나는 게 아닐까.

일왕배대회와 스포츠정신

일본의 일왕배는 한국의 FA컵과 같다. 그러나 그 운영이나 출전하는 팀 수에서는 비교가 안 된다. 무려 82년의 역사를 자랑하고 있으며 고교, 대학, 실업, J1, J2 등 총 80개 팀이 출전한다. 이 대회는 매년 1월 1일 오후 1시, 도쿄 국립경기장에서 결승전을 치르는 것으로 유명하다. 이번 대회는 8월부터 예선전을 치르고 있고, 내년 1월 1일에 예정대로 결승전을 치른다. 일본으로선 새 천년 첫날을 축구로 시작하는 셈이다.

일왕배를 떠올릴 때마다 빼놓을 수 없는 기억이 있다. 지난 98년 요코하마 플뤼겔스의 감동적인 우승 드라마이다. 플뤼겔스는 지난해 대회 직전 이미 해체가 결정된 상황이었다. 일왕배는 녹다운 토너먼트제로 운영되기 때문에 지면 곧장 탈락이다. 때문에 요코하마 플뤼겔스로선 게임에 나설 때마다 '이번이 마지막이 될지도 모른다'는 자세로 나섰다. 하지만 플뤼겔스는 32강, 16강, 8강, 4강까지 파죽지세로 통과하고 대망의 결승전에까지 진출했다. 해체를 앞두고 치르는 마지막 대회에서 모든 선수들이 똘똘 뭉친 투혼을 발휘한 것이다. 결국 플뤼겔스는 상대적 열세란 평가를 뒤집고 강호 시미즈 에스펄스를 꺾고 우승을 차지했다. 그것은 스포츠만이 이루어낼 수 있는 한 편의 감동의 드라마였다. 해체가 결정된 상태에서 어떻게 그런 힘이 나오는 것일까? 새삼 일본인들의 저력을 느낄 수 있었고, 그러한 정신이 오늘의 일본을 만들었구나 하는 생각도 들었다.

하지만 감동은 짧고 현실은 냉정했다. 플뤼겔스는 일왕배가 끝난 뒤 곧장 해체돼 지금의 요코하마 F. 마리노스와 합병했다. 하지만 플뤼겔스가 보여준 멋진 스포츠정신은 일왕배의 유구한 역사 속에 영원히 녹아 흐르고 있다.

2 세계는 넓고 뛸 곳은 많다

한국선수 J리그 생존법은 오직 실력

한때 선수들 사이에 일본만 진출하면 큰돈을 챙길 수 있다는 얘기가 나돌았다. 실제로 많은 선후배가 일본에 진출해 좋은 성과를 올렸다. 하지만 반대로 실패하고 돌아온 케이스도 많다. J리그를 너무 쉽게 본 탓이 크다.

J리그에서 뛰면 한국에서 활동하는 것보다 돈을 더 많이 받는 것은 사실이다. 또한 그것이 일본 진출의 많은 매력 중 하나라는 것을 부인하지는 않겠다. 그러나 일본에 진출한다고 해서 모두 성공이 보장되는 건 아니다. 일단 일본축구의 수준이 예전보다 몰라보게 높아져 한국에서 '볼 좀 찬다'는 선수라 할지라도 막상 일본선수들과 맞서 경기를 하면 어려움을 겪을 때가 많다. '일본쯤이야' 하며 한 수 아래로 내려다보던 10여 년 전과는 크게 다르다.

일본생활의 또 다른 어려움은 적응 문제다. 일본인들의 속성 중 하나가 자신보다 재능이 뛰어나다고 평가한 사람에게는 한없이 관대한 반면, 자신보다 낮다고 생각하는 사람에게는 그 반대로 냉정하다는 점이다. J리그에서도 기량이 검증된 브라질스타 둥가나 유고의 스토이코비치 같은 유럽스타들에겐 더할 나위 없는 존경을 보인다. 반면 한국선수들에 대한 평가는 인색하다. 일단 일본선수들은 한국 축구 수준을 J리그보다 한 단계 낮다고 생각한다. 때문에 한국에서 톱스타가 오더라도 사실 그네들은 큰 관심이 없다.

또 속내를 잘 드러내지 않는 국민성인지라 처음부터 한국사람처럼 툭 터놓고 호의적이지도 않다. 그래서 처음엔 패스도 주고받지 못해 어려움을 많이 겪는 게 J리그에 첫발을 들여놓은 선수들의 한결같은 고충이다. 패스 연결이 안 되면 그때는 정말 죽을 맛이다. 90분 내내 이렇다 할 플레이도 하지 못하고 그저 볼을 쫓아 마라톤선수처럼 뛰다 나오는 꼴이 된다.

그러나 실력을 발휘해 믿음을 주고 좀더 친해지면 그때부터는 무척 수월하다. 팀메이트로서 우대감도 생기고, 서로 믿고 패스도 잘 주고받게 된다. J리그에 진출한 한국선수들이 약속이나 한 듯 초반에 어려움을 겪는 것도 바로 이 같은 이유 때문이다.

결국 중요한 것은 자신이 먼저 도움을 받으려는 생각보다 실력을 발휘해 동료와 코칭스태프로부터 인정받는 일이다. 그러기 위해선 빨리 적응할 수 있도록 부단히 노력하는 자세가 그 무엇보다 중요하다.

J리그 5년 동안 나는 팀에 필요한 선수로 인정받기 위해 항상 긴장을 풀지 않았다. 그것은 곧 내 자신의 값어치에 대한 평가와 직결되기 때문이다. 세상에 공짜는 없는 셈이다.

해외무대로 눈 돌려라

일본대표팀의 트루시에 감독은 2001년 5월, 나고야에서 아이치현 축구협회 관계자 150명을 상대로 강연회를 가졌다.

강연회에서 트루시에 감독은 일본선수들의 해외진출 필요성을 역설했다. 트루시에는 '일본대표가 발전하기 위해서는 거의 모두가 외국에서 플레이하지 않으면 안 된다'고 전제한 뒤 "브라질은 700여명이 해외에서 도전하고 있고, 카메룬 대표는 100퍼센트가 유럽에서 뛰고 있다"며 구체적인 사례를 지적했다. 더불어 파라과이로 이적한 히로야마에 대해 '훌륭한 도전'이라고 치켜세웠다.

트루시에 감독의 말은 전적으로 옳다. 월드컵처럼 큰 대회에서 세계적인 선수들과 겨루려면 일단 경쟁력이 있어야 하는데 동양권에서는 아무리 잘해도 한계가 있다. 유럽 등 세계적인 무대에서 뛰며 배

워야 진짜 실력을 키울 수 있다고 본다. 개인적으로도 유럽진출을 성공시키지 못한 것에 아직도 많은 아쉬움이 남아 있다. 그렇지만 나 대신 후배들이 유럽에서 열심히 뛰고 있으니 흐뭇하기만 하다.

　일본에도 유럽에 통할 만한 기량을 가진 선수들이 많다. 그렇지만 대체로 도전정신이 부족하다는 느낌이다. 웬만하면 안주하려는 성향이 짙다. 또 모든 것을 완벽하게 준비한 상태에서 움직이려는 것도 문제이다. 한국선수들처럼 일단 부딪치고 보겠다는 모험정신이 약하다. 현재 일본은 나카타, 오노 신지가 유럽에서 뛰고 있지만 나나미, 조 쇼지 등이 얼마 못 가 되돌아온 것은 참 아쉬운 일이다. 결국 투자하지 않고는 아무것도 얻을 수 없고 도전하는 자만이 성취의 기쁨을 맛볼 수 있다.

유럽으로 가라

일본으로 오기 몇 년 전, 유럽의 많은 팀에서 제의가 들어왔었다. 그러나 소속팀의 반대 등으로 결국 유럽행 뜻을 이루지 못하고 일본 진출에 만족해야 했다. 그러나 젊었을 때 유럽으로 가지 못한 것은 아마 평생 두고두고 아쉬움으로 남을 것만 같다. 기왕에 축구에 인생을 걸었다면 한번 세계 최고의 무대에서 기량을 겨뤄보고 싶은 게 당연한 욕심일 것이다.

개인적으로도 유망한 후배들에게 J리그보다 유럽진출을 권하고 싶다. 그 동안 월드 올스타에 세 번 나갔고 많은 경기를 통해 유럽선수들과 겨뤄봤지만 그렇게 넘지 못할 벽만은 아니었다. 한국에서 국가대표 정도면 유럽에서도 충분히 통할 수 있다. 단지 우리에게는 기회가 주어지지 않았을 뿐이다. 유럽에서 동양선수에 대한 막연한 선입견을 가지고 있어 선뜻 쓰려고 하지 않아 좀처럼 기회를 잡기 힘든 것이 안타까울 따름이다.

한국축구가 월드컵 등 세계무대에서 당당히 맞서려면 좋은 선수들이 대거 모인 유럽에 진출해 경쟁력을 갖춰야 한다. 그래야 적응력이 키워지고 본무대에서도 주눅 들지 않고 당당히 맞설 수 있다.

일단 물꼬만 트면 쉽다. 일본도 나카타가 이탈리아를 개척해놓으니까 다른 선수들에게도 덩달아 기회가 오고 있다. 안정환, 설기현이 개척자로 이탈리아와 벨기에 리그에서 뛰니까 그 밑의 후배들도 이제 어느 정도 자신감을 갖고 유럽리그 진출을 준비하고 있다.

선수들은 적극적인 사고방식을 지녀야 한다. 현실에 안주하거나 유럽을 막연히 넘을 수 없는 벽이라고 생각해서는 안 된다. 자신감을 갖는다는 것은 곧 그 일의 절반 이상을 한 것이나 다름없기 때문이다.

일본축구의 수준을 높이는 것들

J리그를 거쳐간 외국의 스타급 선수들은 정말 숱하다.

최근 몇 년 사이에 일본경제가 위축되며 고액 연봉의 스타급 선수들이 많이 떠났지만 스토이코비치(나고야 그램퍼스), 비스마르크(가시마 앤틀러스), 삼파이오(요코하마 플뤼겔스) 등 뛰어난 외국인 선수들이 여전히 J리그를 반짝반짝 빛내고 있다.

그동안 J리그를 다녀간 스타들의 면면은 정말 화려하다. 93년 프로 출범과 함께 영입한 영국의 게리 리네커, 90년 이탈리아 월드컵 득점왕인 이탈리아의 스킬라치 등을 비롯해 둥가·레오나르도·조르징요·마징요(브라질), 음보마(카메룬), 스토이치코프(불가리아) 등 이루 헤아릴 수 없다.

때문에 이들 외국인 선수가 J리그의 골격을 만들고 그 수준을 2~3단계 끌어올렸다고 해도 과언이 아니다. 이들의 활약은 그들 자체의 플레이에 그치지 않았다. 일본선수들은 그들의 수준 높은 기량을 눈으로 익히며 자기 것으로 소화했다. 자연스럽게 선수들은 기술적으로 많이 올라섰고 J리그 축구 수준도 한 해가 다르게 일취월장했다. 팬들도 수준 높은 경기에 열광했다.

하지만 이것을 모두 '돈의 위력'으로만 여길 수는 없다. 외국의 슈퍼스타들이 일본에서 잘 뛸 수 있었던 것은 그만한 여건이 뒷받침됐기 때문이다. 물론 돈이 일차적이지만 뛰어난 그라운드 조건이나 깨끗한 경기 매너 등이 이들이 충분히 기량을 펼칠 수 있었던 원동력이 되었다.

만약 이들이 한국에 왔더라도 그만한 성공을 거둘 수 있었을까? '외국에서 제아무리 이름을 날린 비싼 선수라도 한국에선 성공 못한다'는 속설이 있다. 열악한 그라운드 사정에다 선수 생명에 위협을 가할 정도의 과격한 태클, 전담 마크맨 기용 등으로 제 기량을 충분히 발휘하지 못하게 한다. 팬들에게 보여주는 재미있는 축구, 기술적인 축구보다는 무조건 이기고 보자는 논리가 앞서다 보니 너무하다 싶을 정도로 꽁꽁 묶어놓아 아예 기량 발휘의 기회까지 차단한다. 또 그런 스타를 보호할 줄도 모른다. 자연 외국인 선수도 기술보다는 파이팅이 뛰어나고 많이 뛰는 선수가 선호된다. 돈을 생각하기에 앞서 프로가 뭔지, 팬들이 원하는 축구가 뭔지에 대해 근본적인 의식의 변화를 먼저 고려해 보아야 할 때이다.

전쟁 같은 한일전, 이젠 관점을 바꿔야

한일전에는 늘 전쟁 같은 분위기가 연출된다. 반드시 이겨야 한다는 강박관념, 역사의 한을 풀어야 한다는 민족적 감정, 그리고 선배들이 이룩해놓은 역대 한일전 전적 등 여러 가지 요소가 복합돼 늘 물러설 수 없는 한판 승부가 되곤 했다.

지금도 마찬가지지만 내가 국가대표로 한창 뛸 때인 80년대 후반과 90년대 초는 이런 감정이 더욱 격했던 것 같다. 당시 일본선수들에게도 한일전은 특별한 경기였다.

하지만 최근엔 완전히 달라졌다. 특히 일본선수들에게 있어서 이제 한일전은 단순히 국가간 경기이고 볼거리가 된다는 생각뿐, 감정적 대립이란 전혀 없다.

많이 희석되었지만 아직도 나에게 일본이란 '반드시 이겨야 하는 적'으로 규정되어 있다. 97년 여름, 일본 J리그에 진출했을 땐 말 그대로 '매일매일'이 한일전이었다. 살아남기 위해 늘 강한 정신자세로 뛰었고, 일본선수들의 기를 제압하기 위해 고의적인 반칙도 가끔 하곤 했다.

◯ J리그 기시와에서 K리그 출신인 바데아(루마니아)와 잠시 한팀에서 뛰었다.

◯ 한일전의 격렬한 경기 장면

그 당시 일본 언론인들이 나에게 자주 던진 질문은 일본에 대한 감정문제였다. 93년 카타르 도하에서 열린 미국 월드컵 최종예선 일본전에서 0-1로 패한 후 가진 인터뷰에서 '앞으로 다시 일본에 지면 축구화를 벗겠다'고 단언한 나를 기억하는 일본 기자들이 많았던 것이다. 여기에 대해 나는 그 이후 내가 나선 일본전에서 한 번도 져본 적이 없어 축구화를 벗을 기회가 없었다며 웃어넘기곤 한다.

최근 90년 이후 한일전을 살펴보면 예전과 달리 좋은 성적을 내지 못하고 있다. 그 이유는 아무래도 앞서 말한 사고의 유연성 차이에서 기인하는 것 같다.

실력과 조직력이 비슷해진 상황에서 누가 좀더 유연한 정신자세로 대처하느냐에 따라 '자연스러운 자기 플레이'를 할 수 있느냐 없느냐가 결정되기 때문이다.

스포츠에서 일본은 더 이상 한풀이나 극복의 대상이 아니라 함께 나아가는 선의의 경쟁자란 생각을 가져야 한다.

3 J리그 선수관리, 이렇게 다르다

부상선수 관리법 한국보다 합리적

2001년 7월, 요코하마와의 경기에서 왼쪽 정강이를 다친 일이 있다. 하지만 당시 통증은 전혀 없었고 당장이라도 그라운드에서 뛸 수 있을 것만 같았다. 그러나 병원에서는 휴식을 명령했다. 또 구단 측 역시 병원의 진단을 최대한 존중해 절대 휴식을 명령했다. 자칫 무리했다가 더 큰 부상을 가져올 수 있다는 평범한 진리를 충실히 따르고 있는 것이다.

부상선수를 대하는 것을 보면 한국과 일본의 또 다른 축구문화를 엿볼 수 있다. 결론적으로 얘기하면 물론 일본이 한국보다 몇 배 낫고 합리적이다.

한국에서는 그 정도 부상이면 보통 경기 출전을 강행한다. 부상을 참고 뛰는 '투혼'이 미덕으로 받아들여지는 분위기이기 때문이다. 또 자칫 몸을 생각해서 뺐다간 '몸사린다'고 한마디씩 듣게 된다. 감독이 '뛸 수 있느냐'고 물어보긴 하지만 못 뛰겠다고 쉽게 얘기할 한국선수는 많지 않다.

하지만 일본은 다르다. 내 경우를 보자. 상대 선수와 부딪쳐 정강이를 다치기는 했지만, 통증도 크지 않았고 운동을 하거나 게임을 뛰는데 전혀 지장이 없었다. 하지만 만의 하나 걱정이 돼서 구단 지정병원에서 검사를 받았다.

병원에서는 다쳤으니 별도의 지시가 있을 때까지 무리하지 말라는 이야기를 했다. 걷지 못한다거나 아프지도 않은데 무조건 쉬라니 나 자신도 답답할 정도였다.

그러나 코칭스태프는 단호했다. 병원에서 쉬라고 했으니 출전시킬 수 없다는 것이었고, 무조건 휴식을 취하라는 지시를 내렸다. 경기는 물론이고 훈련에서도 제외됐다.

논리는 지극히 당연했다. 지금 무리하느니 완벽하게 몸이 회복된 정상 컨디션으로 뛰는 것이 낫다는 판단이다. 하지만 한국에서는 아파도 참고 뛴 경기가 많았다. 일본에서는 모든 판단을 병원에서 하는 데 비해 한국에선 선수 개인이 하는 경우가 많다. 때문에 낫지도 않은 상태에서 일찍 복귀해 결과적으로 몸이 더 망가지는 경우가 비일비재하다.

사실 며칠 쉬어보니 무척 답답했다. 더군다나 아프지도 않은데 무조건 쉬라니……. 한국에서는 상상도 못 할 일이다. 하지만 무리하지 않기로 했다. 지난번 부상도 결국 지난 2~3년간 J리그와 대표팀을 줄기차게 오가며 무리를 한 탓에 찾아온 일종의 피로골절이기 때문이다.

하지만 지금 생각해도 그때 그렇게 잘 쉰 게 결과적으로 큰 도움이 된 것 같다. 만약 그때 한국식으로 무리했더라면 재기하기가 무척 힘들었을지도 모른다.

소탐대실(小貪大失), 작은 것을 탐하면 큰 것을 놓친다는 평범한 진리가 다시 한번 절실하게 다가온 좋은 사례였다.

철저한 자기절제와 관리는 성공의 필요충분조건

부상을 당한 나로선 게임에 나갈 수도 없었고 팀훈련조차 엄두도 내지 못했다. 그러나 조깅은 못 해도 웨이트트레이닝은 꾸준히 했다.

일본에서 웨이트트레이닝은 철저하게 개인훈련으로 진행된다. 팀에서는 그저 전술훈련만 하지 웨이트트레이닝까지 '간섭' 하지 않는다. 사실 말 나오기 이전에 선수들이 자발적으로 잘 하기 때문에 굳이 팀에서 간섭할 필요도 없다.

철저한 자기절제와 관리만이 성공의 지름길이다.

　대개 클럽하우스가 잘 갖춰져 있는 일본에서는 팀훈련을 마친 뒤 개인훈련을 하는 것이 일상화돼 있다. 한국에는 클럽하우스가 제대로 없어 훈련을 하려면 그라운드가 있는 곳까지 버스로 함께 이동하기 때문에 따로 개인훈련하기가 쉽지 않다.

　그런 점을 볼 때 요즘 개인훈련은 한국보다 일본선수들이 더 많이 하는 것 같다. 예전 선배들은 훈련이 끝난 뒤 혼자서 밤늦도록 개인훈련을 했다는 '전설'을 접하곤 하지만, 요즘 후배들이 개인훈련을 많이 한다는 얘기는 잘 듣지 못한다. 세월이 바뀐 탓일까!

　꾸준히 웨이트트레이닝을 해온 덕분인지 요즘 일본선수들을 보면 예전에 비해 체력이나 체격이 무척 좋아진 걸 느낄 수 있다.

　또 일본선수들을 보면 참 자기 관리에 철저하다는 생각을 하게 된다. 한국선수들은 좀 떴다 싶으면 다소 건방져지고 개인훈련에 소홀해 쉽게 망가지는 경우를 종종 목격하는데, 일본에서는 웬만해서는 그런 일이 없다. 예전 96년 애틀랜타올림픽의 영웅 마에조노가 자기관리 소홀로 망가진 경우도 있긴 하지만, 대개 일본선수들은 사생활을 잘 절제하고 자기관리에 철저한 편이다.

한국은 학창시절 수시로 합숙훈련을 하는 등 타율에 길들여진 생활을 하는 탓에 기본적으로 항상 튕겨나가려고만 한다. 때문에 프로에 뛰어들어 자기관리 실패로 허물어지는 경우를 많이 봤다.

이는 비단 축구에 한정된 이야기만은 아닐 것이다. 어느 분야에서든 철저한 자기절제와 관리는 성공의 필요충분조건인 듯싶다.

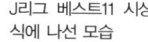
J리그 베스트11 시상식에 나선 모습

한국보다 뛰어난 일본의 스타관리

99년 일본 프로야구는 고졸 출신의 괴물투수인 마쓰자카(세이부 라이온스)의 등장으로 흥행에 큰 성공을 거뒀다. 당시 19세인 마쓰자카가 나오는 경기는 매번 만원이었고, 미처 입장하지 못한 관중을 위해 경기장 밖에 TV를 따로 설치할 정도였다. 스타의 위력을 새삼 실감할 수 있다. 되기는 어렵지만 한번 뜨기만 하면 영원한 것이 바로 일본의 스타이다.

마쓰자카가 위력을 떨칠 때 축구에서는 당시 크로아티아 1부리그 자그레브 팀으로 이적한 미우라 가즈가 화제였다. TV에선 미우라 가즈를 특집으로 방영했고, 신문에도 그의 동정을 전하는 고정 코너가 있을 정도였다.

그런 것을 보면 일본인들의 스타관리가 한국보다 뛰어나다는 걸 느낀다. 한국에서라면 이미 '한물간 선수'라며 잊혀진 왕년의 스타 정도로 치부할 텐데 일본인들은 현재보다 그가 일궈놓은 업적에 초점을 맞춰 더 많은 애정을 쏟는다.

한 명의 영스타가 떴다 싶으면 나머지 기존 선수들은 아예 선수도 아닌 듯 별 관심을 쏟지 않는 한국의 분위기와는 사뭇 다른 곳이 바로 일본이다. 물론 스타가 매년 배출될 수는 없다. 하지만 스타 탄생보다 더 중요한 것은 스타를 잘 관리하고 키우는 일일 것이다.

부러운 라모스의 성대한 은퇴식

99년 8월 23일, 도쿄 국립경기장에선 뜻깊은 경기가 벌어졌다.

브라질에서 귀화해 오랫동안 일본대표팀에서 활약했던 라모스의 은퇴기념 경기였다. 이날 게임은 라모스와 그와 친한 동료들이 한 팀을 이루고, J리그 선발선수들이 한 팀을 이뤄 경기를 벌였다. 베르

가와사키에서 라모스와 함께 뛰었던 미우라가 영국에서 날아왔고, 마에조노는 브라질에서 이 경기를 위해 리그도 포기한 채 귀국하는 진한 우정을 과시했다. 이밖에 비스마르크, 베팅요 등 현재 J리그에서 뛰고 있는 브라질선수들이 기꺼이 그의 팀에서 뛰었다. J리그 선발팀엔 이하라, 아키타 등 일본을 대표하는 최고 선수들이 모두 모였다. 나에게도 이 경기에 뛰지 않겠느냐는 제의가 들어왔지만 사양했다.

 라모스는 마흔둘의 나이가 믿어지지 않을 정도로 뛰어난 기량을 발휘하며 3-1로 팀의 승리를 이끌었다. 라모스는 경기 후 4만 관중 앞에서 소감을 말한 뒤, 선수들에게 공 하나씩을 차주며 성대한 은퇴식을 마무리지었다.

 사실 그날 라모스의 은퇴경기는 나에겐 신선한 충격이었다. 아무리 일본축구에 공헌을 많이 했다고 하더라도 일본 토종선수도 아닌 귀화선수에게 그렇게 성대한 은퇴식을 해줄 수 있을까라는 생각이 들었다. 그리고 스타를 아낄 줄 아는 일본인들에게 또 한번 놀랐다.

 한국에서는 내 위로 훌륭한 선배들이 많았지만 그렇게까지 성대한 은퇴식을 치른 선배는 단 한 명도 없었다. 그저 경기에 잠깐 모습을 보이고 그라운드에서 꽃다발을 받는 짧은 은퇴식이 고작이었다. 이젠 효용가치가 없어 '버려졌다'는 생각이 더 많이 들게 하는 게 한국의 은퇴문화다. 그러니 일부러 은퇴경기까지 만들어주고, 그 경기에 무려 4만 명이나 찾아준 일본인들의 정성이 내겐 샘나는 일이 아닐 수 없었다.

 떠날 때를 잘 알아야 한다고 하지만, 선수가 떠날 때 청춘을 바쳐 정성을 쏟았던 일들이 결코 후회스럽지 않게 만드는 것은 결국 팬들의 역할이라고 생각한다.

감독과 선수는 동반자, 구타는 죄악

지난 2000년 여름 일본축구를 떠들썩하게 만든 사건이 있었다. 당시 J리그 비셀 고베의 가와가쓰 료이치 감독의 선수폭행 사건이다.

가와가쓰 감독은 나비스코컵(Nabisco Cup)대회 시미즈 에스펄스전에서 전반에만 0-3으로 몰리자, 화가 나 하프타임 때 선수 한 명을 때렸다. 수면 아래에 있던 이 얘기는 비셀 고베 선수들이 선수회에 정식으로 문제를 제기하며 감독 퇴진을 요구하자 수면 위로 떠올랐다. 감독은 즉각 사과했지만 선수들은 '있을 수 없는 일'이라며 강경하게 맞섰다.

선수 입장으로서 이번 일은 참 유감스럽다. 어떤 이유에서건 이러한 구타나 폭행은 없어져야 한다. 구타나 폭행은 일시적인 '반짝 효과'를 가져올 수 있지만 결국은 스스로 무덤을 파는 일이다. 폭력으로 길들여져 있다면 '진정한 복종'은 나올 수 없고 모든 것이 가식이 되기 때문이다. 더구나 프로는 아마추어와 또 다르다. 모두 다 이성적인 판단능력을 갖춘 성인일 뿐더러 결혼한 가장도 많다.

사실 한국에서 축구생활을 하며 이러한 일이 없었다고는 부정하지 못하겠다. 학창시절에 운동선수들은 이러한 구타를 성공을 위한 혹독한 '통과의례'로 여기며 참는 게 대부분이다.

문제는 이러한 '악습'의 옳고 그름을 떠나 그러한 행태가 다음 세대까지 이어진다는 점이다. 아무런 죄의식 없이 진행된다는 게 더 무서운 일이다. 한국에서도 최근 여자농구의 한 감독이 선수를 때려 물의를 일으킨 소식을 들은 바 있다. 겉으로 드러난 일이 하나라면 드러나지 않은 일은 몇 배 이상일 것이다.

97년 일본으로 건너온 뒤 이런 일은 단 한번도 없었다. 구타는 상상할 수도 없다. 감독과 선수는 항상 신뢰하며 인격적으로 존중하는

분위기다. 문제가 있으면 많은 대화로 풀어나가려고 서로 노력한다. 수직적인 상하 관계보다 감독과 선수가 한 배를 탔다는 동반자의식이 더 강하다.

결국 모든 것은 생각의 문제이다. '한국 X들은 때려야 말을 듣는다'고 단정지으면 안 된다. 이제 바뀌어야 한다. 선수는 먼저 자신의 본분을 다하고 지도자는 선수들을 좀더 인격적으로 대해야 할 것이다.

'구타도 지도의 한 방법'이라는 마인드를 뜯어고치는 것부터가 스포츠계의 뿌리깊은 구타를 근절시키는 시작이 될 것이다.

짧아도 능률적인 일본의 동계훈련

한국과 일본의 동계훈련을 지켜보노라면 어쩌면 이렇게도 다를까 하는 생각이 많이 든다.

일본팀의 동계훈련은 훈련하는 방식이나 양에서 한국과 큰 차이를 보인다.

한국은 추운 겨울에 국내에서 훈련을 제대로 할 수 없어 따뜻한 곳을 찾아 호주, 유럽, 일본으로 해외 전지훈련을 떠나지만, 일본팀들은 대부분 국내에서 전훈을 소화한다. 미야자키, 가고시마, 이시가키, 고덴바 등 따뜻한 지역이 많아 굳이 해외로 나갈 필요성을 느끼지 않는다.

일부 팀은 호주나 유럽에 가곤 했지만 요즘 들어서는 이마저도 잘 가지 않는다. 호주는 날씨는 좋지만 스파링 팀들이 너무 거칠고, 유럽은 현재 시즌이 한창이라 연습게임 상대를 쉽게 찾을 수 없기 때문이다.

한일 양국의 전지훈련에서 가장 큰 차이는 역시 기간이다. 일본은 대개 전지훈련을 가더라도 짧게 간다. 길어야 2주 정도이고 대부분 열흘 안팎으로 떠난다.

사실 전지훈련이 길어지면 능률이 떨어진다. 한국은 대부분 최소 3~4주씩 전지훈련을 떠나는데 너무 길면 집중력이 떨어져 비효율적이다. 일본은 기간이 짧은 대신 알차게 계획표를 짜 훈련효과의 극대화를 꾀한다.

또 하나 다른 점은 바로 연습경기다. 일본은 동계훈련 도중 연습경기를 별로 하지 않는다. 겨울에는 근육이 굳어 자칫 부상당할 위험이 많기 때문에 가급적 연습경기를 자제한다.

하지만 한국은 동계훈련의 강도도 셀 뿐 아니라 연습경기가 너무 많다. 때문에 동계훈련 중 부상선수가 속출하는 경우를 많이 봤다. 이렇게 동계훈련을 많이 하고 연습경기를 자주 하면 시즌 초반에는 반짝할지 몰라도 시즌 중반 이후에는 무척 피곤하다. 일본은 이런 면에서 철저하고 합리적이다. 동계훈련 때는 최대한 부상자가 나오지 않도록 훈련 강도와 양을 조절하며 게임도 가급적 자제한다.

많은 훈련과 반복된 연습경기만이 능사라는 한국팀들의 사고방식도 이제 조금 변화할 필요가 있다고 생각한다. 특히 선수들이 다치기 쉬운 겨울에는 말이다.

제3장 ···> 일본견문록

3 일본견문록

1 | 타향살이
2 | 일본의 축구문화

1 타향살이

일본음식과 음식문화

일본에서 처음 선수생활을 시작한 97년은 설렘과 두려움으로 가득한 한 해였다. 일면식도 없는 사람들과 함께 살아가야 한다는 부담감도 향수병을 자극하기에 충분했다. 더욱이 전통 한식을 좋아하는 나로서는 일본음식에 대한 적응이 무엇보다 먼저 해결해야 할 과제였다.

평소에 고기를 좋아하는 나는 일본에서도 고기를 즐겨 먹었다. 그러나 소나 돼지도 태어난 나라가 다르면 맛도 달라진다는 걸 실감했다. 일본의 고기는 한국 고기보다 훨씬 연하다. 도대체 씹는 맛이 없을 정도다. 고깃집에서 시켜먹는 고기는 맛은 있지만 양념이 한국보다 달아 얼마 못 가 즐리고 말았다. 아마도 일본 전통 간장에 문제가 있는 것 같다. 결국 우리 부부는 인근 정육점에서 고기를 사다가 한국식으로 요리를 해먹는 수고를 해야만 했다.

특히 내가 처음 살았던 동네인 가나카와현 히라쓰카에는 한국상점이 없어 한국에서 음식재료를 공수해다 먹는 수고를 다끼지 않았다. 그러나 목구멍이 포도청이란 말이 있듯 결국 일본음식도 나름대로 맛있게 먹는 비결을 찾아내게 되었다. 그러나 딱 한 가지 일본 전통음식 중 하나인 '낫토'는 정말 입맛을 맞추는 데 오랜 시간이 걸렸다. 콩을 숙성시켜 만든 낫토는 한국식 된장이 되기 일브직전 상태로 특유의 향기와 끈적임이 있다. 그러나 용기를 내서 한번 먹어본 이후에는 매일 먹을 정도로 정이 붙었다. 아마도 청국장과 비슷한 상태라서 한국음식에 대한 향수 때문에 낫토를 먹을 용기가 생긴지도 모르겠다.

음식도 그렇지만 식사습관도 차이가 너무 컸다. 일본은 말 그대로 게눈 감추듯 먹어치운다. 아마도 남에게 신세를 안 지려는 습성 때문인 것 같다.

한국에 돌아와서도 가끔씩 일본음식이 그리워지는 걸 보면 일본 생활에 정이 많이 들었던 것 같다.

일본의 살인적인 물가

일본에서 보낸 5년여의 선수생활을 떠올리면 가장 먼저 생각나는 게 살인적인 물가이다. 단적으로 얘기하자면 모든 물가가 한국 가격의 열 배에 해당한다. 이 때문에 일본생활 초기에는 아내가 인근 슈퍼마켓에 물건을 사러 갔다가도 그냥 집으로 돌아온 적이 한두 번이 아니었다.

일본 진출 초기에는 한국의 열 배 이상 연봉을 받지 못한 터라 결국 생활은 한국에서보다 더욱 허리띠를 졸라매야 하는 상황에 이르렀다. 다행히도 구단측에서 집과 자동차를 내주어 특별히 목돈이 나갈 일은 없었는데도 한동안 아내는 물건을 살 때마다 환산하는 버릇이 생겨 시원스레 쇼핑 한번 제대로 못했다.

그렇게 시간이 흘러 지난해 2월에는 연봉이 꽤 올라 일본선수 중 최고액을 받기에 이르렀지만, 나와 아내의 근검절약 정신은 언제나 우리의 가슴속에 남아 있다. 사실 이 돈 역시 한국에서는 큰돈이지만, 한국 물가의 열 배에 달하는 일본에서의 생활을 따진다면 그리 많은 것도 아니다.

또 하나, 일본의 물가를 생각하면 돈을 열심히 벌어야겠다는 생각도 들지만 돈을 쓸 줄 아는 일본인들의 생활에서도 많은 교훈을 얻는

일본에서
촬영한 CF 장면

다. 일본인들은 한마디로 허튼 돈을 쓰지 않는 습성이 있다. 은행금리가 '0'인데도 은행저축을 고집한다. 헛되이 벌지 않고 또 힘들게 번 돈을 끝까지 쥐고 있겠다는 일본인들의 비장하기까지 한 절약정신에 가끔 섬뜩한 느낌마저 받곤 한다.

그런데 신기한 것은 물가에 비해 기름 값이 비싸지 않다는 점이다. 구단에서 특별히 자가용으로 벤츠를 내줘 어쩔 수 없이(?) 끌고 다녔지만, 연료비용 때문에 걱정한 적은 별로 없었다.

한국에 돌아온 지도 어느 덧 반년이 다 돼가지만, 아직도 일본에서의 버릇이 남아서인지 돈을 아끼는 버릇은 여전하다. 이러다 '짠돌이'라는 별명을 얻는 게 아닌지 걱정스럽지만, 돈을 쓸 줄 아는 사람이 되는 것도 행복한 일이라고 생각한다.

쓸쓸한 명절맞이

타향에서 맞는 명절에 느끼는 사람의 감정이란 모두 똑같을 것이다. 왠지 허전하고 쓸쓸한 그런 묘한 느낌 말이다. 일본어 진출했을 당시 처음 맞았던 설날은 쓸쓸함보다는 뭔가를 꼭 이뤄내겠다는 각오가 앞섰지만, 시간이 흐르고 차차 적응을 해갈수록 허전함의 강도는 더욱 심해졌다.

아마도 99년 추석을 맞았을 때 한국에 가고 싶다는 충동이 가장 컸던 것 같다. 그때 한국의 추석 당일인 24일에 경기가 없어 한국에 갈 수 있는 좋은 기회였는데, 그 다음달로 예정된 경기를 위한 팀훈련이 잡혀 있어 아쉽게 고향땅만 바라봐야 했다. 시드니올림픽 최종예선전 때문에 J리그 경기는 없었지만, 소속팀이 나비스코컵 4강전에 오른 데다 그해 10월에 열렸던 조모컵(Jomo Cup)에 외국인 대표로 뽑혔던 터라 한국행은 꿈도 꾸지 못했다.

결국 집에 못 가는 대신 추석과 설날에는 고향집을 향해 큰절을 드리는 것으로 아쉬움을 달래곤 했다. 타향에 나와 있어 가족들과 함께 차례를 못 지내지만, 그렇게라도 하는 게 마땅한 도리이고 조상님들께도 좀 덜 미안하다는 생각에서였다. 특히 집안에서 1남 2녀의 장남인 나로서는 명절 때마다 장남 역할을 제대로 못하는 것 같아 항상 마음의 짐이 됐다.

선수생활을 해오면서 명절을 가족들과 함께 제대로 지낸 기억이 거의 없다. 국가대표팀이나 소속팀에서 해외 전지훈련을 가게 되면 명절을 제때 고향에서 쇠는 일은 꿈도 꿀 수 없다. 항상 '시간이 지나면 익숙해지겠지'라고 생각해도 매년 명절이 다가오면 생각은 늘 똑같다. 고향이 그립고 가족이 그립고, 가지 못하는 마음 한구석은 휑하니 쓸쓸하고……

한국과 달리 일본은 추석에 특별한 의미를 부여하지 않는 것 같다. 우리처럼 고향을 향해 꼬리를 문 차량 행렬을 볼 수도 없고 휴일도 딱 하루뿐이다. 일본인들이 소중하게 여기는 것은 이러한 명절보다 여름철 휴가 기간이다. 추석 보름달에 소원을 빌면 이뤄진다는데 이제 한국에 돌아와선 어떤 소원을 빌어야 할지 고민이다.

일본생활의 불청객, 지진

일본생활에서 가장 적응하기 힘든 것 중 하나가 바로 지진에 익숙해지는 일이다. 일본열도 전체가 화산섬이라고 해도 과언이 아닌 만큼 지진활동이 무척 활발하다. 지진은 시도 때도 없이 찾아오고, 어떤 때는 너무하다 싶을 정도로 심하게 흔들려 '혹시나' 하는 공포감에 떨기도 한다. 일본사람들이야 익숙해져 있으니까 크게 두려워하는 기색이 없지만, 한국에서 경험해보지 못했던 나와 아내는 지진에 대한 공포감을 극복하는 데 한참이 걸렸다.

2년 전에는 정말 가슴이 쿵쿵 뛸 만큼 큰 지진이 터져 깜짝 놀란 적이 있다. 지진이 난 것은 새벽 3시 39분쯤이었다. 내가 살던 집은 도쿄 인근 가시와의 12층 아파트의 9층인데, 지진이 나서 일어나 보니 그렇게 크고 높은 아파트가 좌우로 심하게 흔들리고 있었다.

거실에 있는 냉장고가 지진에 흔들려 삐걱대는 소리가 들렸고, 집 안 곳곳에 세워놓은 장식품들이 넘어지고 미끄러졌다. 잠시 흔들리겠거니 했지만 무시무시한 지진은 50초 가량 아파트 전체를 흔들어 댔다. 다음날 뉴스를 들으니 그날 지진 강도가 4도였다는 얘기가 흘러나왔다. 보통 진도 3정도까지는 전등 끈이 조금 흔들릴 정도로 약하지만, 진도 4부터는 그야말로 장난이 아니다. 그렇게 큰 아파트가 휘청휘청 흔들리는 것을 직접 경험해보지 못한 사람들은 그 공포를 이해할 수 없을 것이다. 더구나 1~2초 정도의 짧은 시간도 아니고, 50초 가량 흔들림을 직접 경험하니 정말 등골이 오싹했다. 금방이라도 지축이 흔들려 곧 땅이 꺼질 듯한 느낌이었다.

그래도 다행인 건 아내가 지진이 심한 LA에서 오랫동안 살았던 덕분(?)에 지진에 대한 적응력이 있었다는 점이다. 당시 일본에서 산 지 3년째였고, 진도 4이상의 큰 지진을 세 번이나 겪었는데도 좀처럼 지진에 대한 공포를 떨쳐버리기 힘들다.

수시로 예고 없이 방문하는 지진. 그것은 일본에서 생활해야만 했던 나에게 불청객이 아닐 수 없었다.

생이별은 운동선수 아내의 숙명?!

옆에서 봐도 운동선수의 아내로 산다는 것은 참 어려운 일인 것 같다. 몸이 재산인 운동선수를 뒷바라지하는 게 여간 고달픈 일이 아니다. 남편이 항상 최고의 컨디션을 유지하도록 몸보신에 신경을 써야하는 데다 원정경기다 전지훈련이다 해서 집을 자주 비우기 때문에 이별에도 익숙해져야 한다.

일본에 있을 때에도 간혹 국가대표 평가전이나 국제대회 참가 등으로 한국에 나올 때면 아내는 홀로 집에 남아 아들 성민이와 TV를 보며 응원을 했다. 아마도 생이별은 운동선수 아내들이 감내해야 할 숙명인가보다.

내가 일본생활을 청산하고 포항에 복귀하고 난 뒤, 아내는 어느덧 다섯 살이나 된 성민이와 하루종일 씨름하느라 정신없이 바쁜 시간을 보내고 있다. 한국에 돌아왔다고 해서 아내와의 생이별이 끝난 것은 아니지만, 신혼 초에는 참 힘들었다. 특히 결혼과 함께 마땅히 의지할 친척이나 이웃도 없는 일본생활을 시작했기 때문에 더욱 힘겨운 나날이었다.

홈경기는 그나마 괜찮지만, 원정경기라도 걸릴 때면 집에 아내를 홀로 두고 떠나는 게 무척 안스러웠다. 특히 아내는 마음이 여리고 무서움을 많이 타 혼자 밤 지새우는 걸 무척 힘들어했다. 그래서 원정경기를 떠날 때면 아내가 긴긴 밤을 버틸 수 있도록 비디오를 잔뜩 빌려다 놓고 가는 게 빼놓을 수 없는 일과가 됐다.

운동선수 아내는 외로움뿐 아니라 먹거리에도 신경을 많이 쓴다. 아내는 운동이 끝나는 시간에 맞춰 음식을 장만하느라 하루종일 바쁜 시간을 보냈다. 더군다나 일본은 주로 인스턴트 식품이 많고 정작 몸에 필요한 영양식이 많지 않아 직접 한국에서 재료를 가져다 음식을 장만하곤 했다. 한국에 돌아와서는 친척들도 있고 아이도 많이 커서 한결 수월해졌지만, 일본에서는 애 키우는 것도 쉬운 일은 아니었다. 애가 조금이라도 아프면 병원을 찾아야 하는데 초기에는 말이 통하지 않아 어려움을 겪을 때가 많았다.

말없이 곁에서 묵묵히 지켜주는 아내가 있었기에 내가 J리그에서 선수생활을 해내고, 또 국가대표로서의 생활도 잘 해내고 있는 것이란 생각이 든다.

휴일은 가족과 함께

일본사람들은 파칭코를 무척 즐긴다. 파칭코는 도박이라기보다 하나의 서민 오락거리로 일본사람들에게 널리 사랑받고 있다. 그러나 개인적으로는 구석에 쭈그리고 앉아 스틱을 당긴다는 게 성격에 맞지 않아 즐기지는 않았다. 대신 기회가 있을 때마다 아내와 아이 손을 잡고 가시와 거리를 자주 돌아다니곤 했다. 솔직히 그렇게 하서라도 잦은 원정경기 때문에 소원해진 가족과의 유대감을 회복하고 싶었다.

언젠가 가시와 축제 전야제 때 가족들과 함께 거리로 나간 적이 있다. 그때 눈에 띈 지 한지종이로 만든 주걱으로 금붕어를 잡는 일종의 낚시게임이었다. 한번에 300엔(약 3,000원)밖에 하지 않아 아내를 시켜봤더니 무려 다섯 마리나 낚아 집에서 키운 적이 있다. 종이가 녹기 때문에 한 마리도 잡기 힘들다던데…… 아내의 놀라운 순발력에 혀를 내둘렀다.

선수들에겐 가족들과의 원만하고 즐거운 생활이 경기력 향상에 매우 큰 도움이 된다. 특히 항상 어려웠던 일본생활 중에도 100점짜리 내조를 해준 아내에게 큰 박수를 보내주고 싶다.

일본에 있을 때 한국의 일부 후배들이 음주파동으로 건강한 선수생활을 유지하는 데 치명적인 실수를 했다는 소식을 접하고 무척 안타깝게 여겼던 적이 있다. 한참 연습하고 뛰어야 할 나이에 훈련을 뒤로하고 여자나 술을 가까이하는 젊은 선수들을 보면 어떻게 해서든 제자리를 찾도록 이끌어주고 싶지만 몸이 멀리 있어 안타까울 따름이었다.

팬을 가진 운동선수에게는 자신의 최선의 실력을 보여줄 의무가 있다고 생각한다. 또 그런 의무를 추구해나가는 과정에서 느끼는 성취감은 헛된 유혹에 빠져 느끼는 그런 감정과는 차원이 다르다.

프로선수는 자신의 몸이 재산인 만큼 소중히 가꾸고 실력으로 인정받아야 한다는 생각에 변함이 없다.

2 일본의 축구문화

보양식 대신 비타민으로 더위 쫓는 일본선수들

일본의 여름은 한국보다 무척 덥다. 한국과 비슷하게 장마가 끝나는 7월이 오면 한동안 비도 오지 않고 오직 뜨거운 땡볕만 내리쬔다. 이런 날씨가 되면 축구선수들은 말 그대로 죽을 맛이다. 뜨거운 뙤약볕 아래서 훈련한다는 게 결코 쉽지만은 않다. 이 때문에 훈련이 많기로 소문난 가시와 레이솔은 한여름이 되면 하루 2회 훈련을 1회로 줄여 선수들의 고충을 덜어주기도 한다.

2001년에는 국가대표와 소속팀을 번갈아 뛰다보니 체력적으로도 무척 힘들었다. 특히 시즌을 끝내고 푹 쉬어야 할 겨울에 대표팀을 오간다는 게 쉽지만은 않았다.

일본사람들은 여름이라고 해서 한국사람들처럼 특별한 보양식을 먹지 않는다. 특히 한국선수들은 흑염소와 개소주를 비롯, 각종 한약재로 여름을 나지만 일본선수들은 한약을 먹을 엄두도 내지 못한다. 도핑테스트에 대한 두려움 때문이다. 한약이라고 해서 무조건 도핑테스트에 걸리는 것은 아니지만 아무래도 불안해서인지 먹으려 하지 않는다. 물론 한국 국가대표팀에서도 큰 대회를 앞두고는 몇 달 전부터 한약 복용을 자제시키고 있다.

이런 일본인들의 습관 때문에 나 역시 일본에 있을 때에는 특별한 보양식을 찾는 대신 집에서 아내가 해주는 밥을 꼬박꼬박 잘 챙겨먹는 것으로 건강식을 대신했다. 물론 가시와 시내에 한국식당이 있어서 가끔 삼계탕을 먹으러 가족들과 나가기도 했지만 주로 집에서 요리를 해먹는 게 건강식의 전부라고 해도 과언이 아니다. 그러나 일본선수들은 대부분 소식을 하기 때문에 식사를 통한 보양식은 즐겨 하지 않는 게 일반적이다. 대신 이들은 비타민제를 주로 복용한다. 물에 타서 먹는 비타민이 일반적인데 식사 후에 물이나 음료수에 비타민을 녹여 마신다.

올 여름은 월드컵 열기로 한창 뜨거울 텐데 오랜 축구생활을 해온 나에게도 여름을 난다는 것은 언제나 어려운 일 중의 하나이다.

선수 가족에게까지 세심한 배려 아끼지 않는 구단

2000년 가시마 앤틀러스는 94년 미국 월드컵에서 브라질을 우승으로 이끈 슈퍼스타 베베토를 영입했다. 그런데 베베토가 일본행을 결정한 가장 결정적인 이유는 가족에 대한 일본구단의 배려 때문이었다. 특히 각별한 애정을 갖고 있는 막내 로베르토 마테우스가 전 세계적으로 선풍적인 인기를 끌고 있는 만화영화 '포켓돈스터'의 고향으로 가자고 한 것이 크게 작용했다는 풍문도 있다.

하지만 그가 미국, 브라질, 잉글랜드 등의 제의를 뿌리치고 일본을 택한 데는 또 다른 이유가 있다. 베베토는 인터뷰에서 "다른 나라에서는 힘들지만 일본에서는 가족을 데리고 그라운드에 들어갈 수 있기 때문"이라고 말했다. 바로 선수 가족에 대한 배려가 남다른 일본축구의 분위기가 그의 마음을 결정적으로 움직이게 한 것이다.

일본팀들은 선수들, 특히 외국인 선수들에 대해 무척 세심하게 신경을 써준다. 브라질대표였던 둥가가 오랫동안 주빌로 이와타에서 활약했던 것도 구단이 둥가뿐 아니라 그 가족들에게도 세세한 일에서부터 남다른 배려를 해줬기 때문이다.

일본구단에선 홈경기 때면 항상 선수 가족을 초청해 본부석에 특별히 마련한 패밀리석에 앉아 편안하게 관전할 수 있도록 배려한다. 구단에선 선수 가족들에게 연증 티켓을 주거나 ID카드를 발급해 자유롭게 드나들 수 있도록 해준다. 또 외국인 선수들에게 1년에 몇 차례씩 고향을 방문할 수 있도록 항공권 티켓도 끊어준다. 가족 모두

에게 나오며 티켓은 비즈니스석 왕복이다.

98년 벨마레 히라쓰카에서 뛸 때였다. 하루는 아내가 임신 중일 때 가시마팀과의 원정경기를 위해 도쿄로 이동했다. 그런데 아내가 길을 가다 현기증으로 쓰러졌다는 소식이 왔다. 다행히 곧장 119구급차가 와 병원에 실려갔다는 말을 들었지만, 그 소식을 듣자 걱정이 되지 않을 수 없었다. 그때 통역을 통해 연락을 받은 구단에선 당장 병원에 가라고 했다. 나는 한국 정서를 떠올리며 "병원에 잘 갔다니 경기를 마친 뒤 가겠다"며 짐짓 '투혼'을 보였다.

하지만 구단측은 완강했다. "경기도 중요하지만 지금 무슨 정신으로 뛸 수 있겠느냐"며 오히려 나를 설득하려 했다. 한국에서는 쉽게 볼 수 없는 상황이다.

선수와 가족들에 대한 세심한 배려가 돋보이는 일본구단의 일 처리는 우리에게 시사하는 바가 크다.

J리거들의 자율적인 겨울휴식

일본선수들의 겨울휴가는 한국과는 많이 다르다. 기간이 길 뿐만 아니라 시간을 보내는 방법도 한국과는 차이가 많다.

한국에서의 연말연시를 떠올리면 모임이 많아 이리저리 불려다니기 바빴던 기억이 난다. 그러나 일본의 연말연시는 대체로 차분하다. 떠들썩한 모임보다는 대개 가족과 함께 조용하게 연말연시를 보낸다.

모임이 많다는 것은 그만큼 몸이 망가질 확률이 높다는 얘기다. 한국사람들은 으레 모임 하면 술이 곁들여져야 한다고 생각하기 때문에 '모임=술자리'로 통한다.

한국에서 코칭스태프가 선수들에게 휴가를 많이 안 주는 이유도 이러한 측면이 크다. 모임이 잦은 연말연시에 휴가를 많이 줬다가는 몸이 망가지기 십상이기 때문이다.

일본에서는 겨울휴가가 보통 한 달 이상이다. 12월에 벌어지는 일왕배에서 소속팀이 탈락하면 그때부터 휴가를 시작해 이듬해 1월 말까지 개인휴가를 갖는다. 일본선수들은 대부분 조용하지 휴가를 보낸다. 1년 내내 치열하게 뛴 만큼 겨울엔 철저하게 휴식을 취하며 다음 시즌을 위해 차분하게 준비한다는 의미다.

휴가를 보내는 방법도 다양하다. 일부 선수들은 삼삼오오 짝을 지어 유럽으로 날아가 여행도 하고, 빅리그를 둘러보면서 선진축구를 공부하고 돌아온다. 또 일부는 따뜻한 지방으로 가서 개인훈련을 하는 선수들도 많다. 대개 이들은 해외에 캠프를 차리는데 개인 피지컬 코치를 1~2주일쓱 고용해 몸을 만든다.

그리고 1월 말이나 2월 초부터는 팀훈련에 들어가는데 각자 몸을 만들어오기 때문에 훈련을 소화하는데 큰 무리가 없다. 이들은 모두 철저한 프로의식으로 무장돼 있기 때문에 자율적으로 몸을 만드는 데 익숙해 있다.

이제 한국축구도 한 단계 더 발전하기 위해서는 타율보다 자율에 더 초점을 맞춰나가야 한다고 생각한다. 선수들 또한 코칭스태프에게 믿음을 줄 수 있도록 휴가 때 더욱 자기관리를 잘하는 프로다운 모습을 보여주어야 할 것이다.

이동할 때는 정장으로

축구선수를 시작한 이유로 별로 인연이 없던 옷 중 하나가 양복이다. 연말에 시상식 같은 행사가 있으면 입기는 하지만, 한창 리그가 진행될 때는 운동복이 전부였다고 해도 과언이 아니다. 특히 일본으

로 가기 전 K리그에서 뛸 때는 항상 청바지나 운동복을 입었고 옷에는 별로 신경을 쓰지 않았다.

그러나 일본에서 선수생활을 하면서 깜짝 놀란 것 하나가 원정경기를 떠날 때마다 정장을 차려입는다는 점이다. 일본선수들이 양복을 입는 건 '선수의 자존심과 품위는 스스로 높인다'는 이유에서이다.

물론 홈경기 때는 집에서 직접 경기장으로 향하기 때문에 편한 옷을 입는다. 그러나 원정경기 때는 꼭 양복을 차려입어야 한다. 단순한 습관이라기보다는 꼭 그렇게 해야 하는 규정사항이다.

처음에는 지친 몸을 이끌고 경기장을 나설 때 양복을 입기가 무척 불편했다. 또 치열한 경기라도 치른 후에는 불편한 양복에 꼭 끼는 넥타이, 그리고 부은 발에 구두를 신는다는 것 자체를 이해할 수 없었다. 그러나 몇 해가 지난 후 J리그의 양복문화에 익숙해지자 양복 착용의 중요성을 스스로 느낄 수 있었다.

양복문화에는 또 타인에 대한 예의를 중요시하는 일본인 특유의 민족정서가 깃들여져 있다고 할 수 있다. 집 밖에서 구질구질한 모습으로 타인을 만난다는 것을 수치로 느끼는 일본인들의 정서에서 볼 때 당연한 일이다. 특히 원정경기에서의 양복차림은 축구팬들에 대한 예의와 함께 선수의 품위를 스스로 높이는 일이기도 하다.

자신의 가치를 스스로 높이려는 선수들의 생활문화와 이런 점을 적극 유도하는 구단의 배려는 많은 것을 느끼게 하기에 충분했다.

일본인들의 응원문화

외국에서 축구선수 생활을 한다는 것은 외롭고 힘든 일임에 분명하지만 한편으론 신이 날 때도 있다.

가시와 레이솔의 열광적인 서포터즈들의 모습

　일본에선 선수들이 힘이 절로 날 정도로 축구팬들의 성원이 대단하다. 마니아문화가 뿌리깊은 일본의 정서를 감안한다면 그리 이상한 일도 아니지만, 한국 프로축구의 썰렁한 관중석과 비교하면 분명 즐거운 일임에 틀림없다.

　홈경기 때가 되면 1,000여 명 이상의 서포터들이 골대 뒤편에 모여 앉아 열렬한 응원을 펼친다. 전·후반 90분 내내 서서 쉴새없이 노래를 부르고, 손수 제작한 대형 깃발을 계속해서 흔들며 열광적인 응원을 보낸다. 또 선수들의 이름이 적힌 대형 플래카드와 현수막을 경기장 곳곳에 걸어놓고 응원 분위기를 주도한다.

　이런 열광적인 응원은 서포터만의 몫은 아니다. 일반 관중들도 응원하는 팀의 유니폼을 차려입고 와 관중석에서 말없는 성원을 보내준다. 내가 속했던 가시와 레이솔의 유니폼 색깔이 노란색인데 홈경기 때 그라운드에서 관중석을 둘러보면 마치 봄날에 개나리가 활짝 핀 듯 노란 물결이 장관을 이룰 때가 많다.

서포터즈 문화 중에 한국과 가장 큰 차이는 팬들의 연령층이 천차만별이라는 점이다. 한국 프로팀의 서포터즈가 대부분 청소년들로만 구성된 반면, 일본은 남녀노소 구분 없이 서포터즈로 참여해 열심히 응원한다. 아무리 먼 원정경기라 할지라도 열성팬 50여 명 정도는 쉽게 찾아볼 수 있다.

이들 서포터즈의 선수들에 대한 깊은 배려도 인상 깊게 남아 있

가시마 앤틀러스 응원단의 모습

다. 이들은 경기가 끝나면 무작정 붙들고 사인공세를 펼치기보다 질서정연하게 늘어서 선수들과 선수단 버스가 잘 빠져나갈 수 있도록 도와준다. 특히 상대방에 대한 배려가 깊은 일본인 특성상 서포터즈의 난동은 쉽게 찾아보기 힘든 광경이다.

어느덧 성년의 나이에 접어든 한국의 프로축구. 서포터즈간의 감정싸움으로 좋지 못한 모습을 남겼었지만, 월드컵을 맞아 건전한 축구 응원문화가 확산됐으면 하는 바람이다.

신칸센 이동

일본을 떠올리면 누구나 한번쯤은 시속 200킬로미터 이상의 속도로 철로를 누비는 고속열차 신칸센(新幹線)을 떠올릴 것이다. 내가 신칸센과 인연을 맺은 것은 97년으로 거슬러 올라간다. 97년 벨마레 히라쓰카에 입단하면서 일본생활을 시작한 나는 첫 원정경기를 떠날 때 이 신칸센을 처음 이용했다. 신칸센을 탄다는 설렘도 좋았지만 무엇보다 선수들 전원에게 특실을 전세 내서 편안하게 보내려는 구단의 배려가 더욱 인상에 남았다.

일본팀의 경우 홈에서 2시간 이내의 거리는 구단버스를 이용하지만, 그 이상의 거리는 대부분 신칸센을 이용한다. 일본 구단들이 신칸센을 선호하는 가장 큰 이유는 편안함과 안전성이다. 신칸센은 1964년 처음 운행에 들어간 이후 단 한번의 인명사고도 없을 만큼 뛰어난 안전성을 자랑한다. 거기에 넓은 좌석은 선수들이 느끼는 장거리 이동의 피로를 덜어주기에 충분하다. 신칸센은 속도가 무척 빨라 웬만한 비행기보다 낫다. 가령 서울-부산의 거리 정도는 신칸센 고속철도를 이용할 경우 2시간 가량밖에 걸리지 않는다. 공항으로 이동해 비행기 기다리고 타고 내리는 시간을 비교하면 오히려 신칸센이 훨씬 더 편하고 빠르다. 특히 비행기의 경우는 비가 많이 내린다거나 안개가 짙으면 언제 결항할지 모르지만 신칸센은 그런 걱정도 없다.

신칸센을 타면 정말 창 밖의 풍경이 휙휙 지나간다. 기차가 너무 빨라 시선을 집중하지 않으면 밖을 제대로 볼 수 없을 정도다.

지금도 가장 생각나는 풍경은 도쿄에서 오사카로 갈 때 보았던 후지산 정경이다. 일본의 상징인 후지산은 도쿄에서 약 2시간 떨어진 시즈오카에 위치하고 있다. 후지산 정상은 언제나 눈으로 덮여 있는데 신칸센을 타고 가다 우뚝 솟은 후지산을 바라볼 때면 참 높고 멋지다는 생각이 든다.

일본의 편안한 신칸센과 달리 한국은 불편한 버스 이동을 감수해야 한다. 장거리는 가끔 비행기를 이용하지만 대부분을 구단버스를 이용한다. 때문에 경기장 인근에 공항이 없는 경우 5~6시간씩 막히는 도로로 이동해야 한다. 그러다 보니 경기 때마다 최상의 컨디션을 유지하는 게 쉬운 일이 아니다.

한국도 신칸센 같은 고속철도를 건설한다는 얘기를 들었다. 한국도 일본처럼 고속철도가 잘 깔려 선수들이 좀더 편안하게 이동할 수 있는 여건이 됐으면 좋겠다.

거품인기보다는 경기장 시설, 운영 내실 다져야

한국이 시설이나 운영 면에서 일본을 몇 년 안에 따라잡기에는 힘들 것 같다. 장애인들에 대한 배려 문제만 해도 그렇다. 일본의 경기장은 모두 장애인들을 위한 시설들을 갖추고 있다. 계단 옆에는 휠체어가 드나들 수 있는 평평한 인도가 있고, 경기장 안에는 장애인 전용석이 마련돼 있다. 구단에서는 몸이 불편한 이들에게 항상 우선

권을 주며 최대한 배려한다. 선수들의 사인도 대신 받아주는 등 모든 게 우선이다. 한국은 어떤가. 한국에서는 장애인이 경기장에 가는 건 무척 어려운 일이다. 일단 계단 위주의 공공시설물들이 큰 문제지만 정작 경기장에서 장애인들을 위해 특별히 배려한 흔적이 없기 때문이다. 물론 새로 건설한 월드컵경기장에서는 이러한 시설을 보완했지만, 전체적인 상황은 아직 역부족이다.

2002년 월드컵을 치르는 나라로서 경기력 향상 못지않게 중요한 사항은 남을 위해 한번 더 생각하는 자세일 것이다. 더불어 함께 사는 새 천년, 그것이 축구에서 먼저 시작되고 실천됐으면 하는 바람이다.

외국어를 배워라, 그러나 그 이전에 사람이 되라

일본에서 선수생활을 시작하며 가장 걱정했던 게 바로 언어문제였다. 일본어를 해본 적이 없던 터라 걱정이 많았지만, 구단에서 개인통역을 고용해준 덕분에 코칭스태프나 선수들과의 대화에는 별 어려움을 느끼지 않았다. 또 축구라는 운동 자체가 국제공통언어와도 같기 때문에 전술훈련이나 팀회합 등에선 별다른 불편이 없었다.

그러나 문제는 아내에게 생겼다. 내가 원정경기나 한국대표팀 훈련에 차출될 경우에는 꼼짝없이 집안의 모든 문제를 혼자 해결해야만 했으니 오죽 불편했겠는가. 특히 처음 일본에 진출했을 때 살았던 집은 주변에 한국상점조차 없어 물건을 살 때에도 말이 통하지 않아 많은 불편을 감수해야만 했다. 다행히 이웃집 아주머니들과 친해진 이후로는 함께 장도 보러 가고 일본어도 귀동냥으로 배우는 등 일본생활에 잘 적응하는 '아줌마의 저력'을 발휘하기도 했다.

특히, 첫째 성민이를 일본에서 가진 터라 임신 기간 중은 물론 출산 후에도 어려움이 많았다. 아내가 입덧이 심해 한국음식을 먹고싶어 했는데 구해주지 못해 마음이 아팠다. 그러나 더 큰 문제는 나중에 생겼다. 아이는 처가가 있는 미국에서 낳았는데 일본에 데리고 온 후 병원에라도 가려면 말이 통하지 않아 곤혹을 치르곤 했다. 다행히 어느 정도 일본어도 늘고 일본생활도 몸에 배어 둘째 정민이는 그냥 키운 기분이다.

가시와 레이솔에서 주장을 맡았을 때도 솔직히 많이 망설였다. 말도 완벽하게 통하지 않는 데다가 외국인이 특히 한국인이 주장을 맡은 것에 대해 일본선수들이 불편해하지 않을까 하는 이유 때문이다. 그러나 주장을 맡고 보니 그런 걱정은 기우였다. 우선 팀에 공헌이

가시와 레이솔에서 주장을 맡았을 때도 솔직히 많이 망설였다. 달도 완벽하게 통하지 않는 데다가 은근히 한국인이 주장을 맡은 것에 대해 일본선수들이 불편해하지 않을까 하는 이유 때문이다. 그러나 그런 걱정은 기우였다.

컸던 나에 대한 선수들의 존경심도 있었고, 또 어려운 훈련일수록 솔선수범해서 앞서나가니 선수들은 나를 중심으로 똘똘 뭉쳐주었다. 이 때문에 홍명보는 '카리스마'가 있다는 평을 받게 된 것 같다. 아마 내가 일본어를 완벽하게 구사해 약간의 거드름을 피웠다면 오늘의 내가 존재하지 않았을 것이다. 항상 노력하는 자에겐 그에 합당하는 하늘의 보상이 있는 것 같다.

제4장 ⋯ 축구인 & 축구인

4

축구인 & 축구인

1 | 내가 본 축구인
2 | 내가 본 홍명보

축구를
사랑하는 이들이
모처럼 한자리에 모였다.
그들이 서로에 대해
풀어놓는 진솔한
이야기를 들어본다.

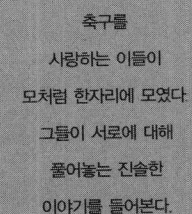

선홍이는 성실하고 착하며 특히 축구에 대한 애정이 남달라 같은 또래이지만 가끔씩은 존경심마저 든다.

1 내가 본 축구인

백년지기 황선홍

나의 가장 '절친한 친구'라고 말할 수 있을 정도로 터놓고 얘기하는 사이이다. 선홍이는 성실하고 착하며 특히 축구에 대한 애정이 남달라 같은 또래이지만 가끔씩은 존경심마저 든다.

선홍이는 나보다 2년 일찍 대표팀 유니폼을 입었다. 내가 대학 4학년(90년) 때 처음 대표팀에 소집됐을 당시 그는 이미 한국 최고의 스트라이커로 자리매김하고 있었고, 왠지 나와는 차이가 많이 난다는 느낌을 지울 수 없었다.

선홍이는 88년 아시안컵에서 두각을 나타냈고 이미 팬들의 사랑을 듬뿍 받고 있는 스타플레이어였다. 신체조건이나 개인기량 등 모든 조건을 두루 갖춘 스트라이커였고 팬들의 기대를 한몸에 받고 있었다. 대표팀 초년생인 내가 감히(?) 똑바로 쳐다볼 수 없는 처지였지만, 선홍이는 나를 따뜻하게 대해줬고 한솥밥을 먹으면서 정이 쌓였다. 이후 대표팀은 물론 국내 프로팀과 일본 프로팀에서도 늘 같이 다녀 눈빛만 봐도 알 수 있는 친구가 되었다. 이런 절친함이 그라운드에서도 상당한 도움이 되고 있음은 물론이다.

선홍이는 한마디로 부상 때문에 뜻을 제대로 펼치지 못한 선수이다. 문전에서의 움직임이 좋고 후방에서 내가 패스를 하던 정확하게 잡아 마무리하는 능력이 뛰어났던 선홍이도 부상 앞에서는 늘 고개 히딩크 감독님은 기본기를 중요시 여기는 지도자이며 상대팀을 분석하는 능력도 탁월하다.

를 숙여야 했다. 특히 중요한 대회를 앞두고는 꼭 불운이 찾아들었고 곁에 있는 나도 마음이 조마조마했을 정도였다.

98년 월드컵대회를 앞두고 치러진 중국과의 평가전에서 부상을 당해 막상 월드컵 본선에서 벤치를 벗어나지 못했을 때는 내 마음도 무척이나 아팠다. 물론 본인의 가슴이야 오죽했을까.

선홍이의 기량은 94년 월드컵을 마친 뒤 만개했다고 본다. 94년 대회에서 골 결정력이 모자라 몇몇 팬들로부터 비난을 받은 것도 사실이지만, 이후에는 한층 성숙된 모습을 보여줬다. 그야말로 절정기란 표현이 어울렸고 선홍이의 발끝은 프로팀에서든 국가대표팀에서든 마치 신들린 듯 골네트를 흔들어댔다.

이번 2002월드컵도 같이 출전하게 됐다. 월드컵과 같은 큰 대회를 앞두고 부상 없이 출전할 수 있는 것 자체가 선홍이와 나의 소원이자 한국축구가 사는 길이라고 생각한다. 선홍이와는 평생 동안 친구로 지내고 싶은 게 솔직한 내 심정이다.

합리적인 히딩크 감독

히딩크 감독님은 한마디로 기본적인 것을 중요시 여기는 지도자이다. 기본기가 충실해야만 이길 수 있다는 믿음을 갖고 있다. 옳은 판단이다. 히딩크 감독이 부임하면서 그 동안 우리가 너무나 중요한 사실을 잊고 있었던 게 아닌가 하는 생각을 할 정도였다.

선수들을 지도하는 것도 뛰어나지만 상대팀을 분석하는 능력도 탁월하다. 국내 지도자들보다는 좀더 과학적이다. 데이터에 근거한 전술 도입을 중요시하는 자세는 한국 대표선수들이 한 단계 성숙될 수 있는 훈련방법이다.

또 한 가지는 어떠한 상황이 오더라도 자신이 가진 생각을 꿋꿋이

밀고 나간다는 점이다. 모든 일을 신념을 가지고 임하는데, 그것이 세계적인 명장으로 자리매김할 수 있는 원동력이 아닐까 생각한다.

겨우 1년 정도 지난 사이여서 인간성을 얘기하기는 힘들지만, 나이 드신 할아버지 스타일이라고 보면 된다. 그라운드를 벗어나서는 선수들에게 별다른 터치를 하지 않는다. 프로는 스스로 알아서 해야 한다는 의도이다. 물론 선수들도 감독님에 대해서는 별다른 얘기를 하지 않는다.

감독님은 선수들의 심리상태를 정확히 읽어내는 데 천재성이 있는 것 같다. 어린 선수들이 조금 튄다 싶으면 길들이기를 하는데 이것이 히딩크식 컨트롤 방식이라고 보면 된다.

나와 특별히 많은 얘기를 나눈 것은 아니다. 하지만 나와 그는 마음이 통하는 뭔가가 있다. 프로는 경기장에서 모든 것을 보여줘야 된다는 생각에서 말이다. 리더는 항상 모범을 보여야 하고 말보다는 행동이 앞서야 한다는 점에서도 나와 그는 같은 생각을 갖고 있는 것 같다. 그의 눈을 보면 확실히 느낄 수 있다. 감독님을 결정적으로 따르게 된 배경은 부상으로 쉬고 있을 때 부상에 대해 단 한마디 말씀도 하지 않았다는 점이다. 선수에 대한 이런저런 평가를 하지 않고, 그라운드에 나섰을 때 몸 상태를 보고 평가하는 게 합리적이라고 판단한 것이다.

히딩크 감독님과 한국 지도자들과의 차이점을 솔직히 말한다면, 히딩크 감독님은 굉장히 긍정적이고 낙관적이다. 한국지도자들은 하프타임 때 플레이가 맘에 들지 않은 선수를 향해 눈물이 찔끔 날 만큼 질타를 한다. 물론 정신 바짝 차리라는 의도이며 이것이 효과를 내 후반에 잘할 수도 있다. 하지만 선수들은 심리적으로 위축될 수밖에 없고 이런 일이 반복되면 결국에는 좋은 결과를 가져온다고 장

담할 수 없다.

하지만 히딩크 감독님은 전반에 일어난 전체적인 포인트를 한두 개 잡아서 지적하고 그만둔다. 개인에 대한 지적이 아니라 11명이 같이 들을 수 있도록 한다는 것이다. 예를 들면 수비 위치를 설명하면서 서로에 대한 커버플레이 등을 곁들여 얘기하는 정도이다. 이 정도만 해도 대표선수라면 충분히 이해하고 자신이 해야 할 역할을 파악한다. 따라서 히딩크 감독님은 선수들이 스스로 판단하는 능력을 길러주는 지도자라 할 수 있다.

끝맺음으로 한마디 덧붙인다면 서양인이 동양문화나 정서를 이해하기란 쉽지 않은 일일 텐데 그나마 잘 적응해나간 점을 높이 사고 싶다.

젊은날의 우상 프랑코 바레시

이탈리아 대표팀의 주장이자 명 수비수였던 바레시를 좋아하게 된 계기는 같은 포지션이기 때문이다. 내가 대학 3학년 때의 일이다. 축구를 시작한 뒤부터 10여 년간 뛰어왔던 미드필드에서 스위퍼로 자리를 바꾼 해이기도 하다. 개인적으로는 어마어마한 모험이 아닐 수 없다. 물론 팀 사정으로 포지션을 변경하게 되었는데, 당시 TV화면을 통해 바레시의 플레이를 지켜볼 수 있었다. 첫눈에 반했다고 표현하면 뭣하겠지만 한순간에 빠져들었던 것 같다. 바레시는 매력으로 똘똘 뭉친 플레이를 했다. 유럽선수 치고 체구가 그리 크지 않았지만 영리한 플레이를 보여줬다. 내 스타일과 거의 맞아떨어졌던 것이다.

카데나치오(빗장수비) 수비라인의 전통을 이어받았다고 표현하는 게 적당할 것 같고, 수비만이 아니라 공격에서도 뛰어난 능력을 보

아시아 최고의 선수로 꼽히는 나카타는 현명한 생각과 판단력을 가졌고, 항상 노력하는 선수였다.

여쭤 독일의 전설적인 리베로 케켄 바우어에 견줄 만하다고 믿는다. 수비면 수비, 공격이면 공격 어느 것 하나 나무랄 데가 없었다. 이런 바레시를 보면서 자랐고, 그러다 보니 그의 플레이가 내 이상형처럼 굳어졌다. 이탈리아 AC밀란 구단에서 20년이나 뛴 그의 묵묵하면서도 성실한 생활태도도 본받을 만한 부분이다.

일본축구의 영웅 나카타

나카타가 지금은 아시아 최고의 선수로 꼽히고 있지만, 내가 처음 만난 97년엔 미완의 대기였다. 아직 만개하지 않은 장미꽃이라고 표현하고 싶다.

지금도 가장 인상 깊게 남아 있는 기억은 훈련장이나 경기장에 나서는 나카타의 손에는 항상 외국어 서적이 들려 있었다는 점이다. 그는 외국에 나가서 뛸 때 외국어가 얼마나 중요한지를 이미 깨닫고, 그때부터 미리 준비를 하고 있었던 것이다. 같은 팀에 있었기 때문에 얘기할 기회가 많았는데 그는 항상 현명한 생각과 판단력을 가진 선수라고 기억한다.

나카타는 내가 입단하던 해인 97년부터 서서히 뜨기 시작했고 하루하루 기량이 느는 게 확연히 눈에 띌 정도였다. 이는 저절로 얻은 게 아니다. 공식 훈련을 마친 뒤에도 그는 개인훈련을 게을리하지 않았고 훈련량도 엄청났다. 오늘의 나카타를 만든 것은 타고난 천재성도 있겠지만 피눈물나는 노력이 이뤄낸 결과라고 본다.

나카타의 성격은 다소 개인적인 면이 없지 않다. 별로 말이 없고 자신의 일만 묵묵히 하는 스타일인데 자신에게는 굉장히 엄격한 것으로 보였다. 이런 개인적인 성격이 스타로 성장하는데 다소 도움이 되지 않았나 생각한다.

순수하고 착한 차두리는 무궁무진한 잠재력을 갖추고 있어 훌륭한 선수로 성장할 가능성이 높다.

나카타와 나는 서로 과묵한 성격이어서 대화를 많이 나눴다고는 볼 수 없으나 나에게는 굉장히 호의적이었다. 나 또한 나카타를 친동생처럼 여길 정도로 좋아했다. 서로의 호칭에 대해 말하자면, 나카타는 나에게 '홍상'이 아니라 '명보상'이라고 불렀고, 나 또한 그를 '히데'라고 불렀다.

지금도 가끔 나카타와 같이 뛰던 시절이 떠오를 때가 있는데 좋은 추억으로 영원히 간직하고 싶은 시간들이다.

순수하고 착한 차두리

나도 아직 현역이기 때문에 동료나 후배를 평가하는 일은 극도로 자제한다. 가끔 인터뷰에서 이 같은 질문이 나오면 자리를 피하곤 한다. 요즘 떠오르는 새내기 차두리에 대한 평가도 마찬가지다. 하지만 내가 직접 쓰는 책이니 솔직한 얘기를 털어놓고 싶다.

나이 차이가 많이 나기 때문에 같이 대표생활을 하면서도 얘기할 시간은 거의 없다. 두리가 나를 조금은 어려워하는 것 같다. 하지만 결코 어려운 선배가 아니란 점을 알아줬으면 좋겠다.

내가 옆에서 지켜보면서 느낀 건 두리는 발전 가능성이 매우 크다는 점이다. 무궁무진한 잠재력을 갖추고 있기 때문에 잘만 기른다면 훌륭한 선수가 될 수 있을 것이다. 선천적으로 타고난 신체조건이 큰 장점이다. 또한 항상 성실한 자세로 훈련에 임하는 모습을 보면 너무 순수하다는 생각까지 든다.

또 한 가지 그의 큰 무기는 바로 외국어 구사 능력이다. 독일어를 완벽하게 할 수 있다는 점은 그에겐 큰 강점이 아닐 수 없다. 특히 외국인 감독이 대표팀을 맡고 있는 상황과 그 감독이 독일어를 할 수 있다는 점은 하늘이 그에게 선사한 너무도 큰 기회가 아닌가 생각한

다. 히딩크 감독님은 가끔 그에게 먼저 말을 거는 경우도 있고, 뭔가 잘못될 때는 통역 없이 정확한 작전지시를 내려 이해시킨다. 이런 것들이 그에겐 행운이 아닐 수 없다.

아버지인 차범근 전 대표팀 감독님과 비교한다는 것 자체가 무리가 있다. 아직 두리는 프로선수가 아니어서 더욱 그렇다. 하지만 한 가지 분명한 사실은 차감독님이 테크닉에선 훨씬 낫다는 점이다. 물론 시간이 지나면 두리도 나아지겠지만 아직은 미숙하다는 점을 인정해야 한다.

두리에게 하고 싶은 말은 현재의 능력에 안주하지 말고 더욱 노력하라는 것이다. 생각하는 축구를 할 수 있을 때까지 꾸준히 매진하기 바란다.

명보의 가장 큰 장점은 지능적인 플레이를 한다는 점이다.

2 내가 본 홍명보

운과 실력을 갖춘 선수 - 이회택(90년 이탈리아 월드컵대표 감독)

내가 명보를 처음 만난 때는 90년 월드컵 본선을 앞둔 시기였다. 당시 최종 수비수였던 조민국이 무릎 부상을 당해 적당한 선수를 물색하던 중 명보를 알게 됐다. 포항제철 프로축구단의 김순기 코치가 적극 추천했고, 몇 번 테스트를 해본 뒤 쓸만하겠다 싶어 대표팀에 전격적으로 발탁하게 되었다. 당시 대표팀에서는 스위퍼 자리만 맡으면 줄줄이 부상을 당했는데 다행히도 명보는 그럭저럭 잘 견뎌냈다.

명보의 가장 큰 장점은 지능적인 플레이를 한다는 점이다. 영리한 플레이를 하기 때문에 경험만 조금 쌓으면 좋은 선수가 될 수 있을 거라 확신했다. 물론 90년 월드컵 때에는 어린 나이였고 경험이 일천해 그렇게 썩 잘하지는 못했지만 갈수록 기량이 쑥쑥 늘었다. 명보는 기본기가 튼튼했기 때문에 가능했다. 프로팀(포항제철)에서도 1년 정도 데리고 있었는데 좋은 선수라는 걸 새삼 느꼈다.

덧붙인다면 명보는 능력도 뛰어나지만 운도 따라주는 선수였다. 어린 나이에 기회를 잡았고, 이를 놓치지 않고 최선을 다한 자세가 오늘의 결과로 나타난 게 아닌가 싶다.

홍명보는 같은 선수 출신이지만 정말 박수를 보내주고 싶다. 또 국가적으로도 큰 재산이다.

스스로 관리할 줄 아는 선수 – 김주성(86, 90, 94년 월드컵대표)

90년도에 처음 발탁된 뒤 13년간 태극 유니폼을 입고 있다는 자체가 대단한 일이 아닐 수 없다. 기량도 기량이거니와 스스로 관리를 잘 해야만 가능한 일이기에 정말 선배의 한 사람으로서 칭찬해주고 싶다. 게다가 국가대표팀간 경기(A매치)에서도 당분간 깨기 힘든 한국 최고의 기록을 세워 여러 가지 면에서 자랑스럽다. 같은 선수 출신이지만 정말 박수를 보내주고 싶고 또 국가적으로도 큰 재산이라고 믿는다.

명보는 체력적인 선수보다는 지능적인 선수다. 한마디로 센스가 돋보이는데 이 같은 점이 오래도록 선수생활을 할 수 있게 한 요인이었다. 대다수의 지도자들이 분명히 나처럼 판단할 것이다. 직접 그라운드에서 같이 뛰어보면 이런 점을 더 실감할 수 있다.

90, 94, 98년 월드컵에서 같이 뛴 선배로서 한마디한다면 지난 월드컵보다 2002월드컵은 몇 배 더 중요하다는 점을 인식해달라는 것이다. 경기장뿐 아니라 그라운드 밖에서도 모범을 보여주고 최고참으로서의 역할을 다해줬으면 한다. 후배들을 이끌어줄 수 있는 큰 선수가 되어주길 간절히 바란다.

홍명보는 요 근래 10년 사이에 가장 훌륭한 선수이며 한국 축구사에 큰 획을 그은 선수이다.

한국 축구사에 큰 획을 그은 선수 - 최순호(86, 90년 월드컵대표)

90년 월드컵에서 처음 만났는데 이제는 어느덧 감독과 선수 사이가 되었다. 어느 누구보다도 인연이 깊다고 본다. 당시에도 큰 선수가 될 것으로 확신했다. 명보의 첫인상은 강렬했다. 침착했으며 결코 가볍게 보이지 않았다.

90년도에 대표생활을 같이 하면서 내가 직접 들려준 말도 기억난다. 아마 북경 아시안게임 때인 것 같은데 대표팀 생활이나 밖에 나가서의 행동거지 등을 일러줬다. 짧은 기간이어서 당시의 기억은 정확하지 않지만 명보에 대한 첫인상만은 아직도 생생하다.

월드컵 대표팀도 중요하지만 프로팀에 복귀해서도 좋은 활약을 해주길 바란다. 우리 팀으로서는 큰 힘이 될 것이다. 부상 때문에 고생했지만 자기관리가 철저하기 때문에 큰 문제가 없을 것으로 본다. 개인적으로 판단하기에 요 근래 10년 사이에 가장 훌륭한 선수가 아닐까 생각한다. 한국 축구사에 큰 획을 그었다고 해도 과언이 아니다. 공격, 수비, 미드필드를 통틀어 가장 훌륭한 선수 중의 하나라고 믿는다. 그 동안 자기 계획대로 잘 꾸려왔고 앞으로도 훌륭한 축구인으로 남으리라 믿어 의심치 않는다.

나는 항상 부상 때문에 허송세월을 보낸 적이 많은데 명보는 자기관리 능력이 뛰어나 큰 부상 없이 대표생활과 프로활동을 해왔다는 게 부러울 따름이다.

자기관리 뛰어나고 가정적인 친구 - 황선홍(90, 94, 98, 2002년 월드컵대표)

명보는 말이 없는 편이다. 옆에서 지켜보면 간혹 화난 게 아닌가 오해할 정도로 과묵한 성격이다. 차갑게 보일지 모르지만 의리도 있고 생각도 깊은 좋은 친구이다. 잔정도 많다. 한번 친해지기가 힘들어서 그렇지 일단 친해지고 난 뒤에는 농담도 잘하고 친구를 배려하는 마음 씀씀이도 굉장히 깊다.

대표팀에서 처음 만나 어느새 12년이란 세월이 흘렀는데, 그 동안 미운정 고운정 다 쌓여 둘도 없는 친구가 되었다.

선수로서의 명보를 냉정하게 평가한다면 게임을 읽는 눈이 탁월하다고 본다. 수비수이면서 전체적인 흐름을 조율하는 능력을 가지고 있다. 덧붙여 상대 공격수들의 패싱을 차단해 곧바로 역습을 할 수 있는 능력도 다른 선수들보다 분명 한 수 위이다. 상대 공격수들의 눈빛이나 움직임을 보면서 미리 자리를 잡고 있다 볼을 빼앗는 기술을 자주 보여줬는데 이는 곧바로 공격으로까지 연결된다. 또 나는 항상 부상 때문에 허송세월을 보낸 적이 많은데 명보는 자기관리 능력이 뛰어나 큰 부상 없이 대표생활과 프로활동을 해왔다는 게 부러울 따름이다.

명보는 굉장히 가정적이다. 경기장 이외에는 가정에 모든 신경을 쓴다고 해도 과언이 아니다. 미래의 명보는 과연 무엇이 되어 있을까 하고 생각해보면, 지도자도 괜찮고 행정가로 변신해도 잘 할 수 있을 것으로 판단된다.

명보는 2002년 월드컵까지 4회 연속 월드컵에 출전하는데 이는 축구인으로서 영광스런 일이 아닐 수 없다.

두뇌플레이의 일인자 - 김호(94년 미국 월드컵대표 감독)

명보의 가장 큰 장점은 경기 운영이 탁월하다는 점이다. 경기를 전체적으로 내다보고 강약을 조절할 수 있는 능력을 갖췄다. 게임을 읽는 시야가 넓어 수비에서 공격으로 단숨에 이어주는 패싱 능력도 뛰어나다. 물론 이는 풍부한 경험에서 나온 결과물이겠지만 두뇌플레이에 능하기 때문에 가능한 일이기도 하다.

고려대 4학년 때부터 두각을 나타낸 명보는 내가 감독을 맡았던 94년 미국 월드컵 대표팀에서도 중추적인 선수였다. 당시 90년 월드컵에 뛰었던 주요 멤버들이 모두 은퇴한 데다 황선홍과 김주성의 몸 상태가 좋지 않아 명보에게 거는 기대가 컸다. 때문에 스위퍼로도 썼을 뿐 아니라 수비형 미드필더로도 종종 기용했다. 명보는 기대만큼 역할을 잘 수행했다.

명보는 2002년 월드컵까지 4회 연속 월드컵에 출전하게 됐는데 이는 축구인으로서 영광스런 일이 아닐 수 없다.

제5장 ⋯⋯ 사커키드에서 K리그까지

5

사커키드에서 K리그까지

1 | 마냥 축구가 좋았던 아이
2 | 가슴에 태극마크를
3 | K리그를 뛰면서

1 마냥 축구가 좋았던 아이

사커키드

당시 할 것이라곤 축구밖에 없었다. 동네 친구들과 점심시간, 방과후에 축구를 하느라고 정신이 없었다. 하지만 축구를 하겠다고 결심을 하자 부모님은 '너는 머리가 좋아 공부도 잘하잖니. 그런데 왜 험하고 어려운 운동을 하려고 하니' 라며 반대를 했다. 나는 외아들이라 집안에서 거는 기대가 컸다. 부모님이 반대를 해서 어쩔 수 없이 광장초등학교 4학년 때는 공부를 해야 했고, 5학년이 되어서야 겨우 축구부에 들어갈 수 있었다. 아버지는 축구선수는 아니었지만 운동신경이 탁월했다. 그런 피를 내가 물려받았는지 또래 친구들 중엔 그래도 볼을 좀 찬다는 소리를 들었다. 동네 아주머니들도 내가 때때로 유리창을 깨서 물의를 일으켜도 공을 잘 찬다며 그리 화를 내지는 않으셨다. 코치도 나이에 비해 노련하게 볼을 차는 내 모습을 보고 부모님을 설득했다.

당시 나는 축구와 함께 공부도 병행했다. 한창 열병처럼 번지던 과외 열풍에 나도 예외일 수는 없었다. 방과후엔 항상 과외공부를

어린 시절 동네에서 찍은 사진

해야 했다. 그런데 어느날 성래초등학교와 광장초등학교의 연습경기를 넋을 잃고 보다가 깜빡 잊고 과외를 가지 못했다. 얼마나 집중해서 경기를 보았던지 내가 과외를 다닌다는 사실조차 까맣게 잊었던 모양이다. 하지만 나의 '과외 땡땡이'는 하루 천하로 끝났다. 과외를 빼먹었다는 이야기가 부모님 귀에 들어갔고, 그날 나는 엄청나게 혼이 났다. 이 일로 부모님에게 호되게 야단을 맞았지만, 내가 얼마나 축구를 좋아하는지를 당신들에게 깊게 각인시킬 수 있었던 사건이기도 했다. 이후 부모님은 전폭적으로 내가 축구를 하는 것을 지원해 주셨다.

땅꼬마의 고민

스카우트로 광희중학교에 들어가고 나서 가장 큰 고민은 키였다. 다른 친구들은 콩나물 자라듯 쑥쑥 자랐지만 이상하게 내 키만은 누가 고무줄로 꽁꽁 동여매 놓았는지 전혀 자랄 기미가 없었다. 당시

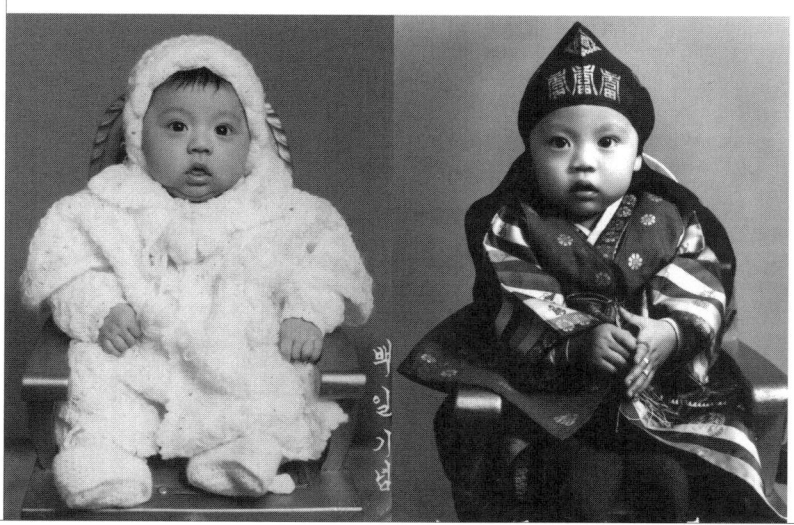

백일사진과 (왼쪽)
돌사진 (오른쪽)

는 키대로 번호를 매기던 시절이라 나는 항상 7, 8번 주위를 맴돌아야 했다. 초등학교 축구야 약은 개인기로 넘어갈 수 있는 부분이 많았지만, 중학교 축구는 아무래도 체력과 체격이 뒷받침되지 않으면 문제가 컸다. 내가 너무 작으니까 첫 연습경기에서 코치가 나를 제외시켰다. 정말 죽을 맛이었다. 까치발을 디뎌보기도 했지만 다른 아이들보다 머리 하나가 작은 땅꼬마에게 설 땅은 없었다.

고등학교 올라갈 때까지도 이런 고민은 해결되지 않았다. 물론 2학년 때부터는 주전으로 뛰었지만, 항상 아이들과 눈싸움을 할 땐 올려보느라고 고개가 뻐근했다. 부모님도 내 키 때문에 깊이 마음 아파하셨다. 다른 학교 학부모들이 "저기 광희중학교 홍명보라는 아이는 축구는 잘하는데 너무 조그맣고 약하다"며 혀를 찰 때마다 눈물을 흘리셨다.

2학년 연습게임 때 넘어져 어깨 쇄골이 부러진 사건도 부모님에겐 큰 충격이었다. 볼을 차면서도 성적은 늘 20등 안에 들었기 때문에 담임선생님도 부단히 공부할 것을 권유했다. 하루는 선생님이 직접 집에까지 찾아와 운동을 그만두고 공부에 전념하라고 설득할 정도였다. 부모님은 속이 상하실 때마다 은근슬쩍 공부를 해도 괜찮지 않겠냐는 말씀을 하셨지만, 나는 그 소리가 귀에 들어오지 않았다.

기본기를 가르쳐준 참스승

광희중학교 축구부 임흥세 감독님은 나에게 정말 잊지 못할 추억의 스승님이다. 그 푹푹 찌는 여름 땡볕에 물도 먹지 못하게 하면서 기본기 교육만 죽어라 시켰다. 1시간 넘게 볼을 던져주시면서 인스텝, 아웃스텝을 번갈아가며 볼트래핑을 시켰고 바른 슈팅 방법도 반복 주입시켰다. 정말 죽을 맛이었다. 하지만 내가 지금 축구하는

데 가장 큰 힘이 되고 있는 요인이 당시의 기본기 훈련이다. 항상 기본기 훈련하고 늘 생각하는 축구를 하라고 입에 단내가 날 정도로 말씀하셨다.

그때는 그 말이 듣기 싫어 귀를 틀어막고 싶을 정도였다. '뻔하게 아는 내용인데 왜 저렇게 귀에 못이 박힐 정도로 이야기를 하실까'라는 반발심도 생겼다. 그러나 대학교, 대표팀, 프로팀을 거치면서 왜 감독님이 그리도 지겹도록 똑같은 말을 반복했는지에 대한 답을 얻었다. 생각하는 축구를 생활화하지 않으면 축구에 발전이 없을 뿐만 아니라 큰 선수가 될 수 없다. 체력과 기술에도 한계가 있기 때문에 두뇌플레이만이 자신의 능력을 극대화시킬 수 있는 지름길인 셈

광희중학교 시절 제2회 서울시 교육감배 서울예선대회에 출전했을 때 모습

이다. 임홍세 감독님은 운동뿐아니라 생활자세도 잘 갖추라고 항상 강조하셨다. 사실 학교에서 운동부는 늘 싸움이나 말썽으로 소문이 나게 마련이다. 하지만 내가 다니던 학교에는 그런 잡음이 없었다. 개인적으로도 물의를 일으킨 적이 한번도 없다. 물론 주변 친구들이나 환경에 그럴만한 소지가 없었기 때문이지만, 훈련과 게임으로 지칠 대로 지친 육체를 이끌고 축구 외에 다른 생각을 할 여유가 없었다. 담배를 피우거나 술을 마시는 것도 상상할 수 없었다. 일종의 모범생이었다. 학교 다닐 때엔 항상 보약을 먹으며 운동에만 몰두했다. 숙소에 있으면 어머님이 항상 한약을 날라다 주셨다. 주로 녹용을 먹었는데 키가 클 수 있었던 이유도 녹용의 힘이 컸던 것 같다.

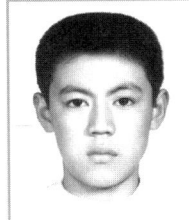
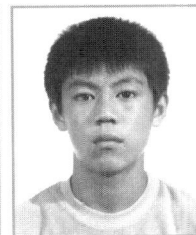

2 가슴에 태극마크를

정말 축구화를 벗고 싶었다

동북고등학교 1학년 때 너무 작고 체력적으로 힘들었다. 경기는 1학년 때부터 나갔다. 포지션은 미드필더. 당시 1학년으로 경기에 뛴다는 것은 그리 쉬운 일이 아니었다. 나와 함께 경기에 나선 1학년 동기들은 나보다 훨씬 키도 컸고 체력도 좋았다. 그때 처음으로 '너무 힘들다. 그만두고 싶다'는 생각을 갖게 됐다. 하지만 내가 좋아서 선택한 축구이고 여기서 그만두면 아무것도 할 수 없다는 오기가 치솟았다. 그래서 힘들어도 이겨내자는 자기 세뇌를 계속 반복하면서 위기를 잘 넘겼다.

고등학교 올라갈 때도 키는 170센티미터를 넘지 못했다. 168센티미터 정도였을 거다. 키가 크기 시작한 것은 고등학교 2학년 때부터였다. 1년에 10센티미터 정도 쑥쑥 자라났다. 다른 친구들과 어깨가 나란해지더니 이젠 내가 슬슬 내려볼 정도가 됐다(현재 183센티미터). 중학교 때는 머리 위에 달린 버스 손잡이에 머리끝이 닿을까말까 했지만 고등학교 들어와서는 점점 시야에 손잡이가 들어오더니

85년 동북고등학교 시절 성남 시민의날 우수고초청 축구경기 모습

급기야 머리가 손잡이를 매다는 철제 봉에 닫기 시작했다. 그러자 이번엔 겁이 덜컥 났다. 축구선수에게 너무 큰 키는 무게 중심을 흩트리기 때문에 그리 장점이 될 수 없다. 한번은 내가 농구선수 한기범처럼 키가 자라서 축구화를 벗는 꿈을 꾼 적도 있다. 정말 식은땀이 흐를 정도의 악몽이었다. 그래서 이번엔 어떻게 하면 성장을 억제할 수 있을까 고민하기 시작했다. 그 방법 중 하나가 우유를 마시지 않는 것이었다. 물론 지금이야 우유를 마시지만 당시만 해도 우유나 유제품이 들어간 음식엔 고개도 돌리지 않았다. 지금 생각하면 정말 우스운 일이다.

우승과의 인연, 그리고 고려대로

동북고등학교가 명문이기는 하지만 내가 들어갈 당시 10년이 넘게 한번도 우승을 차지하지 못했을 정도로 성적이 형편없었다. 당시 감독은 김삼락 감독님. 고등학교 1학년 때 처음으로 전국대회 4강에 올랐다. 당시 2, 3학년 선배들 중에 현재 축구계에 몸담고 있는 사람은 아무도 없다. 성적을 내지 못해 대학교에 진학을 할 수 없었다. 2학년 올라가서 대통령 금배에서 우승을 차지하는 감격을 누렸다. 동북고는 1회 대회 우승 이후 18년 만에 우승을 다시 차지해 학교측이 엄청나게 기뻐했던 게 생각난다. 성적이 쭉쭉 올라가면서 동북고등학교에 대한 평가가 상당히 좋아졌다. 팀 성적이 좋아졌지만 나는 초고교급 스타는 아니었다. 그저 '몸은 약한데 축구는 좀 하는 선수'라는 정도의 평가였다. 신체적인 면에선 열세였지만 축구를 전체적으로 볼 줄 아는 것이 나의 장점이었다. 당시엔 대신고등학교의 안광호, 김문섭 등이 초고교급 스타로 분류됐다. 하지만 그들은 지금 축구계에 남아 있지 않다.

동북고등학교 2학년 때 대통령 금배에서 우승을 차지해 18년 만에 모교에 우승컵을 안겼다.

고·연전을 승리로 장식한 뒤 동료들과 함께 단상에 올라 기뻐하는 모습

    나를 포함해 동북고교에서 세 명이 고려대학교에 진학했다. 정말 이루 말할 수 없을 정도로 행복했다. 어려서부터 고·연전이 열리면 왠지 모르게 고려대를 심정적으로 응원하곤 했다. 가장 강렬한 인상을 받은 것은 고등학교 2학년 10월, 잠실에서 열렸던 고려대와 연세대의 경기였다. 당시 고려대는 조민국, 박양하, 김종부 등 호화 멤버들이 총출동해 연세대를 4-1로 대파했다. 너무 짜릿한 순간이었고, '반드시 고려대에 가야겠다'는 생각이 뇌리에 완전히 박혀버렸다. 다른 학교에서도 스카우트 제의가 많이 들어왔다. 지금은 학교가 평준화되었지만 당시 축구로만 본다면 고려대와 연세대, 한양대 정도가 일류 학교로 분류되던 시절이었다. 하지만 막상 고려대에 지원하면서도 걱정이 앞선 것이 사실이다. '기라성 같은 선배들이 많은데 내가 경기에 나갈 수 있을까', '조금 (실력이) 낮은 대학교에 가서 게

임을 뛰는 방향이 낮지 않을까 등등의 고민이었다. 배짱이었는지는 모르지만 이러한 고민에도 불구하고 고려대에 무작정 지원을 했다. 사실 다른 학교는 끌리는 곳이 한 곳도 없었다.

순탄한 대학생활

예상외로 대학생활은 순탄하게 흘러갔다. 1학년 때부터 경기를 뛸 수 있었다. 당시 스위퍼에 임종헌, 스토퍼에 허기태가 포진해 있었고, 나는 바로 위의 수비형 미드필더로 당시엔 링커라고 불리던 자리를 보게 됐다. 라이트 풀백에 이영익, 공격엔 최대식, 송주석, 김상문 등이 활약했다. 초고교 스타선수가 아니었던 만큼 대학교 때에도 그리 눈에 띄는 선수는 아니었다. 하지만 게임 때마다 꾸준히 득점을 올리는 살림꾼형 선수였다. 대학교 2학년 때 서정원, 김봉수,

89년 제44회 전국대학축구선수권대회에서 우승을 차지한 뒤 찍은 사진

김병수 등 초고교급 스타들이 모두 후배로 들어오면서 팀 전력이 엄청나게 보강됐다. 지금 생각해도 정말로 대어급 선수들이다. 이들도 들어오자마자 1학년 때부터 주전으로 뛰기 시작했다. 너무 네임 밸류가 높은 후배들이 들어오다 보니 대학선발과 같은 대표팀 선발시에는 항상 나는 찬밥일 수밖에 없었다. 워낙 이름에서 밀렸기 때문에 학교에서 추천할 때마다 서정원, 김병수, 노정윤 등이 선택되었다. 한편으로는 안좋은 마음이 있었던 걸 부인할 수 없지만, 축구를 잘하는 후배들이었고 게임을 할 때 마음이 잘 맞았기 때문에 그렇게 불편하지는 않았다.

임종헌 선배가 졸업과 동시에 프로에 입단하면서 스위퍼 볼 사람이 없어졌다. 당시 나는 3학년이었다. 3학년에 올라가자마자 남대식 감독님이 나를 부르더니 스위퍼로 내려올 것을 지시했다. 개인적으로는 그렇게 하고 싶지 않았다. 축구화를 신은 이후부터 계속 미드필더로 활동했고, 수비수는 왠지 둔탁한 느낌이 들어 그전부터 별로 가고 싶지 않은 포지션이었다. 그러나 감독의 지시니 거역할 수도 없

고……. 아무튼 3학년 첫 게임부터 스위퍼로 나서게 됐다. 하지만 포지션을 변경하고 나서부터 나에게 대표팀의 기회가 주어지기 시작했다. 스위퍼로 변경한 후부터 축구인생에서 처음으로 두각을 나타내게 되었다. 예전에 스비의 역할은 그저 오는 공을 멀리 차내는 것이 주요 임무였다. 그러나 나는 정반대였다. 미드필더로 공격에 적극적으로 가담한 경험을 바탕으로 스위퍼에 대한 고정관념을 완전히 바꿀 수 있었다. 완전히 다른 스타일로 플레이를 했다. 무조건 볼을 차내는 것이 아니라 볼이 오면 미드필드에게 연결시켜주고, 상대 공격수를 두세 명 제치고 우리편 공격수에게 침투패스를 넣어주는 등 당시에는 혁신적인 플레이를 했다. 또한 프리킥이 발생하면 도맡아 차 골도 많이 넣었다. 한 경기에서 서정원이 득점왕을 차지하면 나도 항상 득점 랭킹 2~3위 안에는 들 정도로 득점력이 높았다. 골을 넣는 수비수는 당시 상식으로는 쉽게 받아들이기 힘든 개념이었기에 많은 축구관계자들이 놀라움을 표시했다.

드디어 태극마크를 달고

이탈리아 월드컵 아시아 지역 최종 예선이 끝난 후, 내가 4학년으로 올라갈 때 처음으로 국가대표에 발탁됐다. 대표팀 감독이었던 이회택 감독님이 동계훈련 중에 나를 1월에 대표선수로 지목한 것이다. 당시 조민국 선수가 부상을 입어 그 자리를 메워줄 선수가 필요했다. 처음 대표팀에 소집됐을 때가 아직도 생생하다. TV에서만 보아오던 최순호, 정용환 등 기라성 같은 스타들이 총집합해 정말 무슨 연예프로를 보는 것 같은 느낌이었다. 너무나 긴장되고 흥분됐다. 지금 대표팀에 예비 엔트리로 발탁된 최성국과 다를 바가 없다. 성국이와 나는 나이 차이가 15살이나 되지만, 당시 노장과 나의 나이 차이는 그리 크지 않았다. 하지만 선후배 사이에 느끼는 거리감은 지금보다는 그때가 훨씬 더 컸다고 생각한다. 지금과는 달리 90년 대표팀의 위계질서는 확실했으며 의사전달 체계도 정확했다. 선배가 가지는 의미가 지금보다 훨씬 무겁고 컸다. 막내로 생활하는 일이 정말 힘들고 불편했다. 고참들의 빨래를 모두 도맡아 했다. 지금 생각하면 정말 웃음이 절로 나오는 일들도 많다.

내가 20번을 단 이유도 기존의 선수들이 가지고 있던 번호에서 빠진 번호를 주워온 것이다. 당시 빠지는 번호가 3~4개 있었는데, 모두 썩 마음에 들진 않았지만 그 중에서 그나마 눈에 띄고 외우기 쉬운 20번을 선택했다. 그 20번을 아직도 무난하게 잘 달고 있다.

대표팀 진해 전지훈련 도중 창원에서 호남대와 연습경기를 뛰게 됐다. 전반은 벤치 신세였지만 후반전 교체 멤버로 투입됐다. 내가 생각하기에도 그날 플레이는 정말 좋았다. 같은 대학생이었음에도 불구하고 세 명을 제치고 침투패스를 연결, 손쉽게 골을 만들어주었다. 이 사건(?) 이후 완전히 주전을 굳혀 계속 선발로 출전하게 됐다. 나의 첫 A매치는 노르웨이와의 게임이었다. 대표팀이 몰타 전지훈련 도중 실시한 친선전이었다. 지금도 기억하지만 전혀 떨리거나 무섭지 않았다. 차라리 지금은 대표팀의 맏형이라 경기 전에 긴장을 하지만 당시엔 대표팀 막내로 무서울 게 없었다. '나에겐 선배들이 있지 않은가'라는 든든한 믿음이 있었다. 정말 전혀 긴장하지 않았고 우스운 이야기 같지만 오히려 기분이 좋았다. 국가대표 유니폼을 입고 경기장에 나간다는 자체가 기뻤고, 내가 할 수 있는 역할만 충실하면 된다는 생각뿐이었다.

3 K리그를 뛰면서

험난한 프로 데뷔

이미 고려대학교에 다니면서 나는 프로팀 포항과 계약이 되어 있었다. 하지만 당시엔 프로팀들이 전년도 성적에 따라 순번을 정해 대학선수들을 뽑는 드래프트가 실시되고 있는 상황이었다. 나는 드래프트를 통해 유공(현재, 부천 SK)에 들어가게 됐다. 하지만 이미 포항으로부터 1년간 월급을 받았고 계약금도 받은 상황이었다. 포항과 가계약이 되어 있던 상태였다. 하지만 다행히 단장회의에서 의결 조율이 이뤄져 전대미문의 3대 1 트레이드가 단행됐다.

당시 포항에서 뛰고 있는 김진형, 조정현, 이석경과 내가 맞트레이드된 것이다. 당시 큰 파장이 일어났지만 포항은 나를 선택하기 위해 엄청난 투자를 했다. 거기에 대한 부담감이 말할 수 없이 컸다. 그 해에 나는 신인이었고, 국가대표와 프로는 또 다른 경험이었다. 자신감이 있었지만 기존 선수들 사이에 섞여 조화를 찾아가는 일이 꽤나 힘들었다.

그러나 당초 우려와 달리 프로에서도 일은 순조롭게 풀렸다. 92년 프로 첫해부터 상복이 터졌다. 그 해 팀이 우승을 차지하면서 내가 MVP를 차지하는 행운을 누렸다. 주로 우승팀의 주장에게 MVP가 가는 게 통상적인 일이지만, 당시 내가 MVP를 탈 결정적인 일이 생겼다. 리그 마지막 현대와 2게임, LG와 1게임을 남겨두고 박빙의 승부를 펼치던 상황이었다. 그런데 현대와의 첫 게임에서 지고 말았다. 두 번째 게임도 현대전이었는데 포항에서 열린 홈게임이었다. 이 경기에서 패한다면 우승은 물거품이 되는 셈이었다. 전후반 모두 0-0으로 마감할 즈음 내가 경기 종료 1분을 남기고 골을 넣어 1-0으로 승리를 거두었다. 이 게임에 이김으로써 마지막 LG전까지 우승을 향한 불씨를 살릴 수 있었다. 이 결승골이 나에게 MVP의 마침

표를 찍어준 셈이다. 나에겐 프로 데뷔 골이자 결승골이었다. 정말 기뻤다. 이 골 하나로 나와 MVP 경쟁을 벌였던 박창현 선수도 손을 들어야 했다. 이전까지는 신인왕 타이틀에 대한 언급이 많았지만, 우승을 차지하자 MVP에 대한 이야기가 흘러나왔고 결국 나로 최종 결정이 됐다. 축구협회가 주는 MVP와 스포츠지에서 주는 MVP까지 두 개나 탔다. 신인왕은 신태용 선수가 수상했다.

나는 영원한 포항맨

고려대학교에 다닐 때 포항 이외의 다른 팀에서 스카우트 제의가 많이 들어왔다. 당시 마음이 이리저리 헷갈렸던 게 사실이다. 하지만 당시 포항 이회택 감독님이 동북고 출신이었고 고려대 남대식 감독님, 고등학교 스승이었던 김삼락 감독님도 모두 동북고 출신이었다. 포항 이전에 실은 대우(현 쿠산 아이콘스)와 계약서 사인 직전까지 갔었다. 하지만 대학교 4학년 11월 무렵 이회택 감독님과 김삼락 감독님이 찾아와 포항에 갈 것을 권유했다. 어느 횟집에서 만났는데 별로 많은 이야기를 하진 않았지만 느낌이 좋았다.

90년 포항 전용구장이 처음 지어졌는데 개막전을 포항과 고려대가 가졌다. 그때 가졌던 게임도 지금까지 뇌리에서 지워지지 않는다. 축구 전용구장의 첫 느낌과 포항의 이미지가 너무나 잘 어울렸다. 입단한 91년 3월에 당시 포항제철 박태준 회장님을 처음으로 만난 일도 상당히 인상에 남는다. 선홍이와 함께 불려갔는데 사람을 압도하는 분위기라는 걸 그때 처음 느꼈다. 우선 나는 회장 책상까지 족히 100평은 되는 넓은 회장실 분위기에 압도당하고 말았다. 아마도 내가 사람을 만나면서 가장 긴장했던 순간인 것 같다.

이후 97년, 일본으로 가기 직전 두 번째로 만났는데 회장님은 당시 포항 국회의원 선거에 출마 중이셨다. 박회장님은 나에게 '일본에 가지 말고 선거운동이나 도와달라'는 농담을 건네셨다.

아무튼 이런 저런 기억 속에서 포항은 나에게 정신적인 고향이나 다름없는 안식처가 되었다. J리그를 끝낸 후 다른 구단에서 새롭게 축구인생을 시작할 수도 있었지만, '포항이 아니면 나도 없었다'는 생각이 항상 나를 지배하고 있다. 최근 어린 선수들은 포항이나 광양 등의 지방 구단보다는 수도권 구단을 선호하는 경향이 있는 듯하다. 그러나 자신의 굳은 의지와 소신만 있다면 지방에서도 확실한 자기 색깔을 드러낼 수 있는 자신만의 구단을 찾을 수 있을 것이다.

무섭고도 우스웠던 북한 체험기

90년 통일축구대회는 아직도 기억에서 지워지지 않는다. 그 해 10월 북경 아시안게임에서 좋은 성적을 거두지 못하고 곧바로 통일축구대회를 위해 북한으로 가야 했다. 북경 현지에서 안기부 직원으로부터 반나절 정도 교육을 받을 때부터 머리끝이 쭈뼛쭈뼛 섰다. 개인 행동을 하지 말 것, 항상 도청에 유의할 것 등등……. 드디어 고려민항 전세기를 타고 평양으로 들어가게 됐다. 기내 맨 앞쪽엔 커다란 김일성 사진이 걸려 있어 '이국적(?)'인 분위기를 물씬 풍겼다. 공항에 도착하자 환영 나온 인파가 정말 인산인해였다. 당시만 해도 방북이 흔치 않았기 때문에 이런 장면은 처음 보는 광경이었다. 아무튼 입국까지 큰 문제는 없었다. 첫 번째 에피소드는 호텔에서 벌어졌다. 당시 고려호텔에 묵었는데 안기부 직원으로부터 이미 '고려호텔 안 전체에 도청장치가 되어 있다'는 교육을 받았지만 별 느낌은 없었다. 하지만 '베개사건'으로 여지없이 도청이 증명됐다. 방에 도착한 나는 "난 목이 약해 높은 베개는 못 베는데 전부 높은 베개밖

90년 통일축구대회가 벌어진 평양 능라도 경기장에서

에 없잖아"라고 불평을 늘어놓은 후, 식사를 하고 다시 방으로 들어왔다. 그런데 놀랍게도 방안에는 높은 베개가 온 데 간 데 없고 모두 낮은 베개로 바뀌어 있었다. 정말 섬뜩한 순간이었다. 이후 중요한 이야기를 할 때엔 TV를 크게 켜놓았다. 한번은 도청을 역이용한 경우도 있다. 방을 잠시 비울 때마다 종업원들이 청소를 해놓아 정말 불편하고 불안했다. 그래서 일부러 "여기는 방을 너무 자주 청소해"라고 불평을 했고 효과는 즉시 나타났다. 그러나 이후 2~3일 동안 계속 방을 치우지 않아 오히려 곤란을 겪은 웃지 못할 일도 있다. 경

평양 고려호텔에서 동료들과 함께 기념 촬영

기장에선 사회주의 집단화가 얼마나 무서운가를 실제로 체험했다. 능라도 경기장에 들어찬 15만 명의 관중들이 20분이 채 안 돼 모두 깨끗하게 관중석을 빠져나간 것이다. 마치 썰물이 빠져나가듯 경기장이 순간 쥐 죽은 듯 조용해졌다. 정말 소름이 끼쳤다. 이보다 더 등골이 오싹했던 것은 거성으로 가기 위해 평양역에서 기차를 탈 때였다. 8시 30분 출발하는 기차가 2분 정도 빨리 출발하는 바람에 간신히 올라탔는데 당시 지도원이 내 허리춤을 잡고 놓아주지 않는 것이었다. 때마침 함께 있던 북한선수가 그 사람의 팔을 뿌리쳐줘 기차를 탈 수 있었는데, 자리에 앉자 등골을 타고 식은땀이 흘러내렸다. 왜 그 사람이 날 잡았는지는 모르지만 아무튼 그 순간 '이대로 월북하게 되는가' 하는 생각이 들었다. 나중에 안 사실이지만 선홍이도 나와 같은 경험을 했다고 한다. 그때 그 사람의 손을 뿌리치지 못했다면 아마 지금쯤 북한 축구대표팀 주장으로 뛰고 있을지도 모를 일이다.

K리그에서 가장 안타까웠던 순간

95년에 치른 천안 일화(현 성남 일화)와의 챔피언 결정전이 정말 기억에 남는다. 첫 게임을 비긴 후 포항 홈

95년 우승 일보 전에서 무너진 것이 두고두고 아쉽다.

에서 두 번째 게임을 갖게 됐다. 전반을 2-0으로 앞서며 우승에 대한 부푼 꿈을 안게 됐지만 후반부터 그 꿈이 산산이 깨지기 시작했다. 후반전 내리 세 골을 허용하며 2-3으로 역전, 고전을 면치 못했다. 하지만 동점골을 성공시켜 3-3으로 경기를 마쳤다. 결국 3차전까지 이어졌다. 문제는 후반전 골 중 내가 두 번째 골을 패널티킥으로 허용한 것이다. 이전 게임에서 오른쪽 다리 근육이 찢어진 걸 숨기고 2차전을 뛰었던 게 화근이었다. 평상시 같으면 태클을 들어가다가도 살짝 빼곤 했는데 끊어진 다리 근육 때문에 다리를 제때 빼지 못해 상대편 공격수가 걸려 넘어지며 결국 패널티킥를 허용하고 말았다. 하지만 3차전에서도 고통을 무릅쓰고 뛰었다. 주장에 대한 책임감이 강했던 시절이라 어쩔 수 없었다. 통한의 골든골로 무릎을 꿇지만 않았어도 상당히 보람있는 투혼이 되었을 텐데……. 아무튼 그때가 정말 아쉽다.

제6장 ⋯⋯> 아내가 쓰는 나의 사랑, 나의 가족

6 아내가 쓰는 나의 사랑, 나의 가족

1 | 월드컵이 맺어준 인연
2 | 서로 다른 그라운드에서
3 | 축구선수 아내로 산다는 것

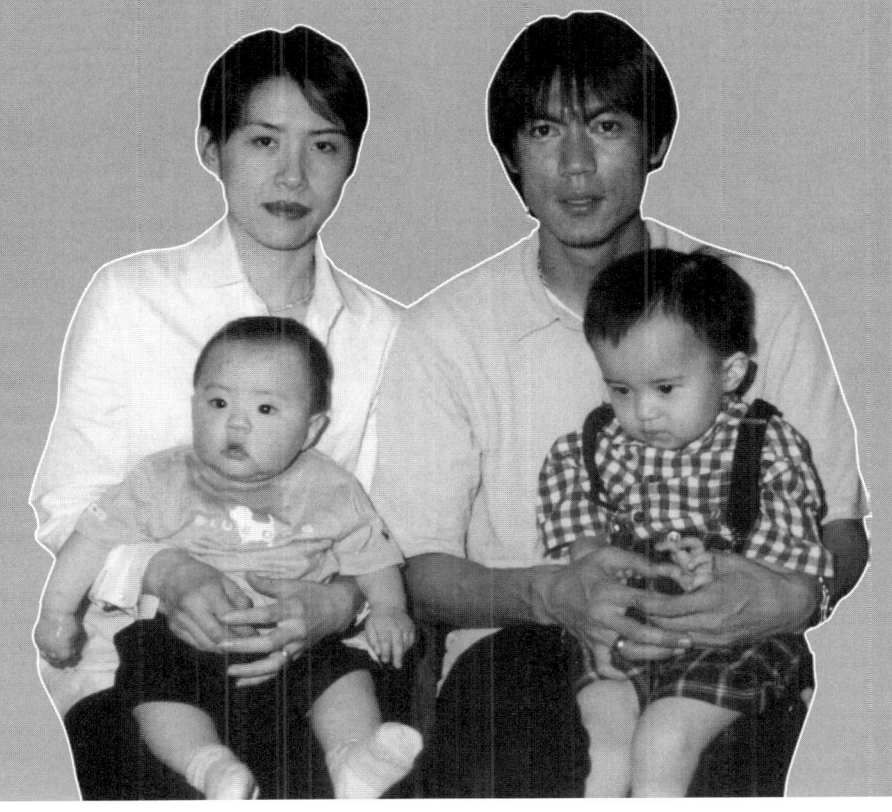

1 월드컵이 맺어준 인연

표정도 없고 말도 없는 사람

축구하는 모습을 지켜보면 가끔 그런 생각이 든다. 마음먹은 대로 되기도, 또 마음먹은 대로 되지 않기도 하는 게 공의 행로가 아닐까 하는……. 내가 남편(사실 부를 때는 아직도 '오빠'라는 호칭을 쓴다)을 처음 만난 것도 지금 와서 생각하면 우연 같기도 하고 엄청난 인연이었던 것 같기도 하다.

월드컵 4회 연속 출전이 남편에게 명예였다면, 내게는 남편을 만나게 된 인연의 시작이었다. 남편의 두 번째 월드컵 출전이었던 94년 미국 월드컵. 나는 중학교 3학년 때인 88년에 가족과 함께 이민을 갔고, 당시 미국 LA에 거주하며 UCLA에서 유아교육학을 전공하던 대학생이었다. 각별히 축구에 관심이 있지는 않았다. 그러나 외국에서 오래 살다보면 자연스레 국가간 대항, 특히 한국팀 원정경기라도 있으면 종목에 관계없이 큰 관심이 생기게 마련이다. 애국심이라고 거창하게 말할 건 아니지만 아마도 조국에 대한 향수 같은 게 아니었나 싶다.

바로 그렇게 남편을 처음 만났다. 남편은 94년 미국 월드컵을 앞두고 일종의 평가전을 치르기 위해 2월에 미국에 왔다. 그때 우연히 남편과 알고 지내는 지인을 따라 경기장에 갔었다. 대학 1학년의 내 눈에는 다섯 살이 많은 당시의 남편 모습이, 심지어 표정도 없고 말도 적었던 모습이(그때나 지금이나 표정 없고 말수 없는 것은 똑같다) 단지 아저씨 같다는 생각만 들었을 뿐 특별한 호기심이 없었던 것 같다.

또 한국에선 지명도와 인기가 있었는지 몰라도 내게는 단지 한국에서 온 축구선수 가운데 한 명을 직접 만나봤다는 것 이상의 감동은 아니었다. 하지만 한 달 정도 미국에 체류했기 때문에 그렇게 만난 인연으로 연락처를 주고받았고, 궁금한 미국생활에 대해 두어 번 전화를 통해 물어왔던 기억이 난다. 그때 내게 다 읽은 책이라며 한국 연락처를 적어준 책이 『무궁화꽃이 피었습니다』라는 소설이었다.

그리고 그 해 월드컵에서 남편은 두 골을 터뜨렸다. 골을 넣은 선수가 내가 만났던 '그 아저씨'란 사실이 너무나 놀랍고 반가웠다. 그래서 곧바로 소설책에 적어준 연락처를 찾아 한국으로 축하전화를 했다. 통화가 연결되지 않아 축하메시지만 남겼는데 며칠 뒤 전화가 왔다. 그렇게 생각나면 가끔씩 전화를 걸기 시작한 게 우리 만남의 출발이었다.

그러니 월드컵은 국가간 축구경연장을 떠나 내게는 한 남자를 만나게 해준 운명 같은 그 무엇이기도 하다.

월 100만 원짜리 데이트

한 달에 100만원 가량을 데이트 비용에 쏟아부었다면 다들 놀랄지도 모르겠다. 그런데 사실이다. 하지만 커피 한 잔 함께 마시지 못하면서 이런 데이트 비용을 들였으니 대단하다고 해야 할지, 무모하다고 해야 할지…….

94년 월드컵 때 넣었던 골을 축하하기 위해 걸었던 전화를 계기로 우리의 전화데이트는 시작됐다. 하지만 그때만 해도 어쩌다 생각나면 하는 정도였기 때문에 전화 통화는 드물었다. 그렇게 처음 만난 날로부터 1년쯤 흐른 95년 2월의 어느날, 이 무뚝뚝한 남자가 대뜸 물었다. 된장찌개 끓일 줄 아느냐고. 물론 끓일 줄 안다고 대답하자, 곧바로 그럼 자기에게 시집오라는 것이 아닌가! 소위 말하는 프로포즈였던 것이다. 지금의 남편을 생각하면 딱 어울리는 프로포즈였지만 그때 나에게는 싱겁기 짝이 없었다. 그래도 나 역시 똑같은 마음이어서 그랬을까. 그렇게 싱거웠던 프로포즈를 얼마나 행복하게 받아들였는지…….

그날부터 거의 매일 한국과 미국, 혹은 해외 훈련지와 미국을 연결하는 전화가 계속됐다. 주로 한국시간에 맞춰 전화를 했기 때문에 미국에서는 새벽 2시쯤에 통화를 해야만 했다. 아마도 ㄴ의 야행성 습관은 그때부터 고정된 게 아닌가 싶다.

끊어진 전화선

전화요금은 반반씩 해결했는데, 학생 신분인 나로서는 집에 전화요금이 나올 때마다 가슴 뜨끔한 일이 아닐 수 없었다. 보통 700, 800달러에 이르렀으니, 우리 아버지의 참을성에도 한계가 있을 수밖에……. 어느날 전화가 불통이 되었다. 아버지가 더 이상은 참지 못하시고 전화선을 끊으셨던 것이다. 아버지는 지금도 가끔 그 전화요금이면 시집을 가도 몇 번은 더 갔을 거라는 심한(?) 말씀을 하시곤 한다.

남편이 다시 미국을 찾은 것은 95년이었다. 내가 잠시 한국을 방문해 지금의 시댁어른들께 첫 인사를 드린 후였다. 남편은 맥주 CF에 출연하게 됐는데 그 촬영이 미국에서 있었다. 그때 우리 부모님을 처음 만났다. 아마도 예의바르고 차분한 남편이 우리 부모님에게는 더없이 듬직해 보였던 것 같다. 전화요금은 까맣게 잊고 부모님은 예비사위에게 홀딱 반해버렸다.

하지만 양가의 허락을 받고서도 한국과 미국이라는 거리는 참 멀고도 멀었다. 결국 미국에서 대학을 졸업하고, 결혼식을 5개월 앞두고서야 한국에 나온 나는 요리학원에 다니며 흔히 말하는 신부수업을 시작했다. 그때 남편은 여전히 잦은 해외경기와 훈련으로 바빴기 때문에 내가 미국에 있을 때나 한국에 나와 있을 때나 못 만나기는 마찬가지였다. 심지어 결혼식 이틀 전에야 한국으로 돌아왔으니까. 어쨌든 97년 3월 15일, 대표팀 숙소였던 타워호텔에서 3년간 한국과 미국을 잇던 전화데이트를 마치고 결혼식을 올렸다.

6장 | 아내가 쓰는 나의 사랑, 나의 가족

2 서로 다른 그라운드에서

침묵의 신혼생활

남편은 포항 스틸러스 소속이었기 때문에 결혼하자마자 곧바로 포항으로 내려갔다. 신혼여행은 당연히 훗날을 기약한 채였다. 하지만 이민으로 한참 동안 한국을 떠나 있었기 때문에 결혼도 한국생활도 모두 낯선 내게는 신혼여행을 못 간 게 그리 속상한 일은 아니었다. 당장 적응할 일이 산더미처럼 쌓여 있었기 때문이다.

그런데 생각지도 않은 또 하나의 복병이 내 신혼생활에 버티고 있었다. 다름 아닌 남편의 적은 말수였다. 3년간의 연애라고 해봐야 우리가 만난 횟수는 열세 번이 전부였다. 물론 전화데이트를 통해서도 남편이 그다지 말이 많거나 유머를 즐기는 스타일이 아니란 건 알고 있었다. 하지만 말수가 없어도 그렇게 없을 줄은 정말 꿈에도 몰랐다.

결국 그 적은 말수 때문에 우리는 처음으로 부부싸움이란 걸 했다. 내가 남편에게 화났냐고 물으면 남편은 여전히 '과묵한' 태도로 화 안 났다고 대답했고, 다시 그래도 화난 것 같다고 하면 이번엔 '화를 내며' 화 안 났다고 대답했다. 이렇게 해서 우리는 부부싸움의 첫 테이프를 끊었던 기억이 난다.

한번은 이런 일도 있었다. 어차피 남편은 말이 없는 사람이라 난 아이들이 인형놀이 하듯 인형과 얘기를 주고받았다. 그렇게 인형과 대화하는 나를 보고 남편은 기가 막혀 하며 더욱 말을 못 이었다.

내가 생각해도 신혼 초에 아내가 남편 대신 인형과 말을 주고받는 모습은 조금 엽기적이기까지 하다. 한국에서의 모든 생활이 낯선 그 당시 내게는 대화 상대가 절실히 필요했다.

하지만 지금은 안다. 운동장에서도 무표정하고 말이 없는 남편은 집에서도 똑같다는 것을. 그리고 말보다는 늘 생각하고, 나보다 속

깊은 결정을 내릴 때가 많다는 것을. 그래서 신혼 때처럼 왜 말이 없냐고 따져 묻는 일은 하지 않는다. 간혹 남편에게 오늘은 무슨 좋은 일이 있었는지, 아니면 무슨 나쁜 일이 있었는지 묻고 싶을 때가 있지만, 사람도 적응하기 나름인지 이제는 표정만 봐도 남편의 기분을 어느 정도 헤아릴 수 있는 경지(?)에 오른 것 같다.

남편은 J리그에서, 나는 외로운 타국에서

말수 적은 남편과 보낸 포항에서의 신혼생활도 2개월 남짓밖에 안 된다. 남편이 일본 J리그에서 뛰게 됐기 때문에 남편을 따라 일본으로 신혼집을 옮겨야 했다.

97년 6월부터 지난해 12월 한국에 돌아오기까지, 그러니까 일본에서 보낸 시간이 꼬박 4년 7개월이다. 일본에서 보낸 시간을 돌이켜보면 지금도 오로지 외롭다는 느낌이 제일 먼저 다가온다.

중학교 때 미국으로 이민을 갔기 때문에 처음엔 외국생활은 잘 적응할 수 있다는 자신감이 있었다. 그런데 일본이란 나라는 왜 그리도 낯설던지…….

아마도 큰 도시가 아니라 외곽의 한적한 곳이었기 때문에 더 그랬는지도 모른다. 하여튼 사람이 그립고 한국이 그리웠다. 남편은 홈경기냐 어웨이경기냐에 따라 3~5일 정도 집에서 같이 보냈는데, 남편이 팀으로 합류했을 때는 늘 남편만 기다리던 기억이 난다.

그러다 보니 빨리 아이를 낳고 싶었다. 하지만 너무 간절히 바라면 방해꾼이 등장하는가 보다. 임신 사실을 알고 들뜬 마음으로 지내던 나는 정기검진을 받으러 병원으로 간 그 해 12월 24일, 아이가 유산됐다는 통보를 받았다. 아, 이럴 수가……. 그토록 지독한 크리스마스 이브는 내 생이 처음이었다.

남편은 남편대로 일본생활에 적응하느라 애를 먹고 있었다. 그런 남편에게 나의 힘겨움만 쏟아낼 수는 없었다. 아마도 우리의 신혼은 그렇게 서로 힘들어하며 일본이란 나라에 적응하며 보낸 것 같다.

다행히 얼마 지나지 않아 다시 아이를 갖게 됐다. 한 번의 유산 경험은 모든 걸 조심하게 만들었다. 그래도 주변 도움 없이 혼자서 몸을 챙기는 일이 쉽지 않았던지 한 번은 외출했다가 길거리에서 쓰러진 적이 있다. 곧바로 병원 응급실로 옮겨졌는데 연락받은 남편은 아내에게 가보라는 팀의 권유에도 불구하고 그날 경기를 모두 마친 후에야 병원으로 왔다.

요즘도 이런 얘기를 누군가에게 들려주면 얼마나 섭섭했겠느냐고들 한다. 그런데 놀랍게도 일본생활에 적응을 잘 해낸 탓인지, 말없는 남편에게 훈련이 잘 된 탓인지, 그다지 섭섭하진 않았다.

솔직히 남편은 남편대로 일본생활 초창기에 생각처럼 성적을 올리지 못해 힘들어했고, 그런 남편의 뒷모습을 보는 나 또한 마음이 많이 아팠다. 그렇기 때문에 남편이 만약 경기 도중에 모든 걸 팽개치고 달려왔다면 오히려 내가 더 놀라지 않았을까 싶다.

외롭다는 생각조차 할 수 없었던 나날

출산 즈음이 되어서야 미국 LA 친정집으로 갔다. 그렇게 큰아들 성민이를 낳은 게 98년 11월 13일. 하지만 그때도 남편은 곁에 없었다. 이틀 뒤 미국으로 온 남편은 1주일을 함께 보내고 먼저 일본으로 돌아갔는데, 그때 남기고 간 편지에는 이렇게 쓰여 있었다.

'수미야, 아줌마처럼 변한다 해도 언제라도 너를 사랑한다.'

유산될까 염려해 거의 움직이지 않았던 내 몸이 그야말로 두루뭉실 아줌마 몸매로 변해 있을 때였는데, 혹시라도 아이를 낳은 뒤 내 스스로 몸매에 절망(?)할까 걱정스러웠던 모양이다.

　성민이를 키우면서 일본에서의 생활도 차츰 단조로움에서 벗어나기 시작했다. 그래봐야 하루종일 집안에서 아이 돌보는 일이었지만, 누군가 곁에 있다는 사실은 나를 너무도 행복하게 만들었다.

　그러다 두 살 터울로 둘째아들 정민이를 낳자, 그 다음부터는 오히려 정신없는 생활의 연속이었다. 둘째를 갖고도 하혈을 많이 하는 바람에 병원에 잠시 입원한 적이 있었다. 그때 남편은 한일전 경기 출전차 한국에 갔을 때였다. 공동 입원실에서 한 손에는 링거를 꼽고 또 한 손에는 큰아이 손을 잡은 채 TV로 중계되는 축구를 보며 한국팀 응원을 했는데, 그때 다른 입원환자들에게 받았던 따가운 눈총은 이루 말할 수 없다.

　아이를 가질 때마다 병원 신세를 지기는 했지만 고맙게도 두 아이는 모두 건강해 키우는데 큰 어려움이 없었다. 혼자서 아이를 데리고 병원에 가는 일이 만만치도 않고 말도 통하지 않았기 때문에 남편이 집에 있는 날에 아이가 조금이라도 열이 있거나 하면 무조건 병원에 가서 미리미리 조심을 했다.

　그렇게 일본생활에 적응하면서 활기도 되살아났다. 갓난아이와 겨우 세 살 된 첫아이오 씨름하는 일은 전쟁터를 방불케 했지만, 더 이상 외롭다는 생각을 할 틈조차 없었다.

　또 하나 기억나는 일은 아이가 생겨나면서 과일을 마음껏 먹었던 일이다. 미국에서 오렌지 열 개를 3, 4달러면 너끈히 사던 나에게 일본의 물가는 가히 살인적이었다. 한국에서 보낸 시간이 얼마 되지 않아 한국 물가와 비교하기보다는 미국 물가와 비교하는 게 계산이 더 빨랐는데, 도무지 물가를 비교하다 보면 주머니에 돈이 있든 없든 포도 한 송이 사먹을 수 없었다. 결국 아이들이 태어나면서부터

첫째아들 성민(왼쪽)과 둘째아들 정민(오른쪽)

비싼 과일도 눈 딱 감고 사들이던 기억이 난다. 그렇게 보낸 일본생활을 4년 7개월 만에 접고 2001년 11월, 드디어 그립던 한국으로 돌아왔다.

나 닮은 큰아들, 아빠 닮은 둘째아들

일본에서 낳은 큰아이가 이제 다섯 살, 작은아이는 세 살이 됐다.

일본에서 친구가 없었던 큰아이는 포항으로 옮겨온 뒤 우선은 주변 친구들과 지내는 게 무척 신나는 모양이다. 다니고 있는 어린이집도 열심이고 성격도 더 밝아진 것 같다.

아주 갓 낳았을 때부터 큰아이 성민이를 데리고 다니면 어떤 사람들은 엄마를, 또 어떤 사람들은 아빠를 닮았다고들 얘기했다. 사실

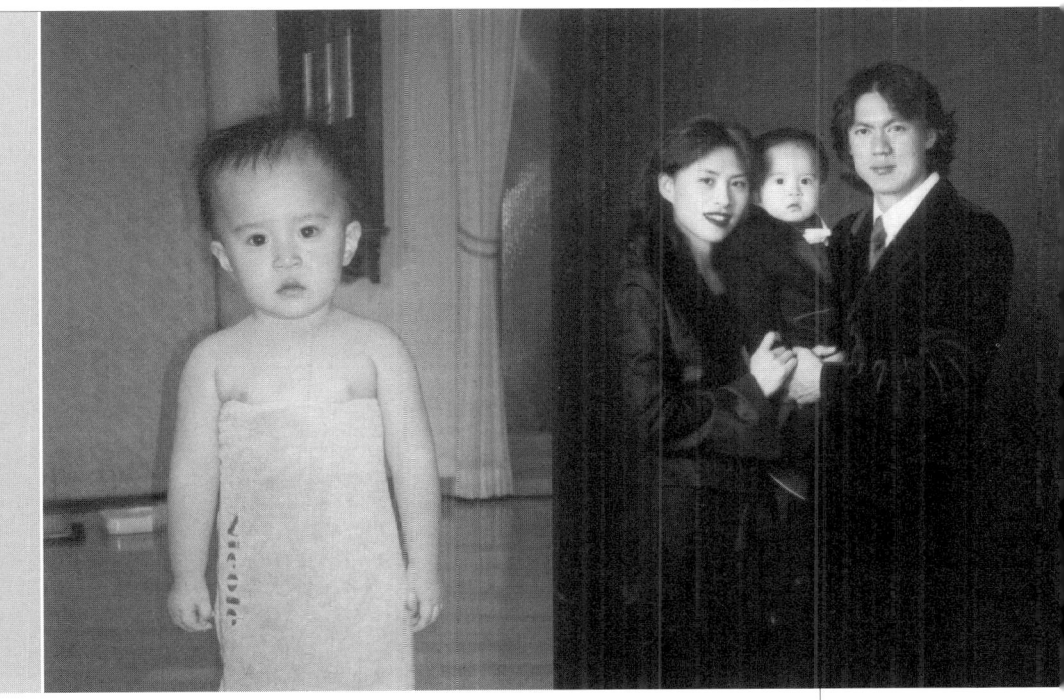

사실은 우리 부부가 좀 닮았다. 눈을 동그랗게 뜨고 입을 꾹 다물고 있으면 다들 국화빵처럼 부부 얼굴이 똑같다고 한다.

은 우리 부부가 좀 닮았다. 눈을 동그랗게 뜨고 입을 꾹 다물고 있으면 다들 국화빵처럼 부부 얼굴이 똑같다고 한다.

그러니 큰아이 성민이는 남편과 나를 반반씩 닮은 셈이고, 작은아이 정민이는 우리 부부 누구도 닮지 않았다. 하지만 시댁식구들은 정민이 얼굴을 보면 금세 안다. 정민이가 친할아버지를 꼭 빼닮았다는 사실을 말이다.

나도 요즘은 한 배에서 나왔어도 어쩜 그리 다른지 모르겠다는 어른들의 말씀이 슬슬 실감이 난다. 큰아이는 네 살까지 일본에서 살며 엄마하고만 지내서인지 무척 얌전한 편이다. 또 운동하고는 담이라도 쌓은 듯 통 관심이 없다. 오로지 가만 앉아서 오리고 붙이고 자르고……. 손재주가 있는 걸 보면 나와 비슷한 점이 있는 것 같다.

반면 둘째아들 정민이는 아빠, 엄마의 얼굴은 닮지 않았지만, 노는 모습을 보면 영락없이 제 아빠라는 생각이 든다. 이제 겨우 세 살인데도 가만 앉아 있는 경우가 거의 없다. 하루 온종일 뛰어다니고 넘어지고, 게다가 장난감 중에서도 공을 가장 좋아한다. 아직 축구공만큼 큰 공을 갖고 놀지는 못하지만 조그맣게 만든 장난감 축구공을 비롯해 온갖 공 종류를 제일 즐겨 찾는다. 아빠가 운동장에서 뛰는 모습이 이 세 살 아이의 마음속에도 특별한 여운을 남긴 탓인지 아니면 운동이란 재주가 핏줄을 타고 유전되는 것인지……. 어떤 이유인지는 몰라도 어쨌든 둘째는 아빠와 참 비슷하다.

가끔 이런 얘기를 하면 주변에서 두 아들 중에 누구라도 축구선수 시킬 계획은 없냐고 묻는다. 사실 차범근, 차두리 부자 같은 경우를 보면 참 부럽기도 하다.

하지만 아빠가 축구선수로서 지녔던 명성이 도움이 되기보다는 어쩌면 영원히 따라다니는 부담일 수도 있다는 생각이 들기도 한다. 아버지와 아들이 축구선수로서 비교되는 건 솔직히 좀 그렇다. 차라리 다른 종목을 하겠다면 그야 말릴 이유가 없지만, 그래도 굳이 축구만을 고집한다면 그때야 운명이라고 생각해야 되겠지만 말이다.

아이 둘, 그것도 아들만 둘을 키우면서 커지는 걱정이 또 하나 있다. 아들만 키우는 엄마들은 벌써 알아차렸을 거라 믿는다. 크지 않은 내 목소리, 게다가 말없는 남편과 살면서 더 작아진 내 목소리가 자꾸 커지고 있다. 아들 둘 키우면서 욕쟁이 안 되는 엄마 없다고들 하는데, 나는 과연 어떻게 될지 모르겠다. 아마도 우리 둘째 정민이가 키워드가 되지 않을까?

3 축구선수 아내로 산다는 것

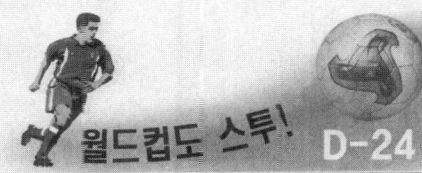

월드컵도 스톱! D-24

"그이는 불사조… 만점 캡틴"

자기야! 힘내 ④
홍명보 부인 조수미씨 5

부상 장기화·대표탈락 가슴앓이
"힘들때마다 아이들이 큰힘 될것"

국가대표팀 주장 홍명보(33·포항)의 부인 조수미씨(29)는 지난해 마음고생이 무척 심했다.

예고 없이 찾아온 남편의 부상과 국가대표팀과 소속팀에서의 잇단 결장…. 겉으로 말은 안해도 남편이 힘들어하는 것을 쉽게 느낄 수 있었다. 처음에는 단순 피로골절로 금방 나을 것으로 예상했다. 그러나 부상은 의외로 장기화됐고 마음도 초조해져 갔다.

하지만 조수미씨는 남편을 굳게 믿었다. 평소 러투루 시간 보내는 일이 없고 자기관리에 철저한 남편이기에 꼭 다시 보란듯이 재기할 줄 알았다.

그리고 그 믿음대로 홍명보는 올해 대표팀에 복귀했고 히딩크 감독이 주장이라는 중책을 맡기는 전폭적인 지지 속에 대망의 2002한·일월드컵에 출전한다.

조수미씨는 이번 월드컵 출전이 남편에게는 마지막인 만큼 유종의 미를 거두었으면 하는 바람이다. 물론 경기를 잘 뛰었으면 좋겠지만 아내된 입장에서는 다치지 않는 것이 우선이다. 또 본인이 스포트라이트를 받는 것보다 팀내 고참으로서 어린 선수들이 잘할 수 있게 뒤에서 서포트를 잘해주는 선수가 됐으면 좋겠다고 말했다.

조수미씨는 현재 포항에서 성민(5살) 정민(3살) 두 아들과 함께 살고 있다. 매일 두 아들을 키우느냐 '전쟁'을 치르지만 지금은 가족보다 월드컵이 더 중요하기 때문에 곁에 없는 남편에게 섭섭한 마음은 전혀 없단다.

다신 대표팀에서 이제 주장의 중책을 맡고 있는 맏형인 만큼 가족을 잘 이끌어왔듯이 팀도 잘 이끌어 월드컵에서 목표했던 것을 이뤘으면 하는 소망이다.

홍명보는 제주도로 훈련을 떠나 때 아이들 사진을 많이 갖고 떠났고 전화도 자주 한다. 힘들고 어려울 때마다 아이들의 목소리는 큰 힘이 되고 있다.

조수미씨는 "그동안 준비를 잘해 왔기 때문에 큰 걱정은 없다"며 "선수생활을 마쳤을 때 후회 없는 월드컵이 됐으면 좋겠다"며 남편의 파이팅을 기원했다.

최성욱 panchc@

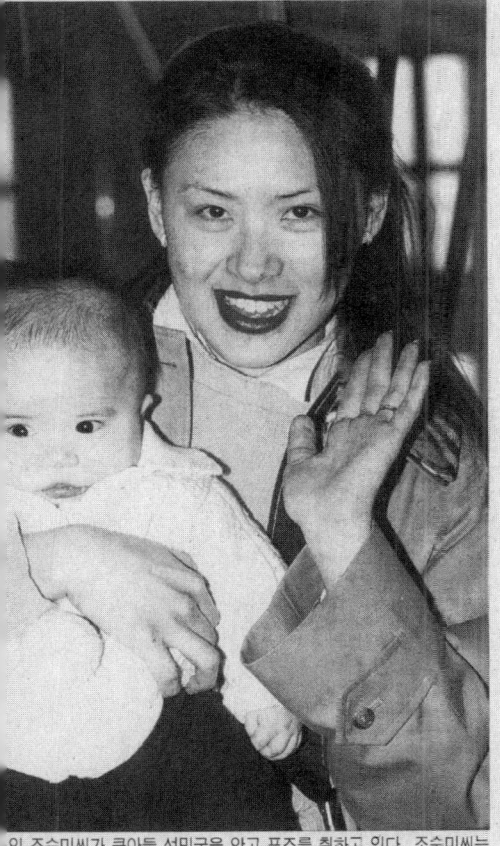

인 조수미씨가 큰아들 성민군을 안고 포즈를 취하고 있다. 조수미씨는 트라이트를 받는 것보다 다치지 말고 어린 선수들을 잘 서포트했으면 했다.

혼자서도 잘해요

솔직히 스포츠가 됐든 연예가 됐든 어떤 스타에 열광해본 적이 없는 나로서는 스타급 플레이어 대접을 받는 남편과 결혼하는 게 별로 특별할 의미가 없었다. 단지 남편의 직업이 운동선수라고만 여겼던 것이다.

그러나 나의 예상은 크게 빗나갔다. 지금이 조선시대도 아닌데 결혼하는 순간 나는 '조수미'라는 이름 대신 '홍명보 선수 아내'로만 살게 됐으니 말이다.

결혼하자마자 미국에 계시는 부모님을 떠나 한국으로, 또다시 일본 J리그 진출과 함께 일본으로, 그리고 다시 한국으로 돌아오면서 내게는 그 어떤 선택도 불가능했다. 결혼 전에는 남편을 따라 나의 주거지를 옮긴다는 게 대단한 일이 아니라고 생각했다. 아마도 친정아버지는 그때 이미 모든 그림이 그려졌는지 남편을 사위로 너무도 만족해하시는 것과는 별개로 결혼 날짜를 잡고 한 달 내내 친정엄마 앞에서 눈시울을 붉히셨다고 한다.

하지만 나는 결혼하면서 어느 정도 각오를 했던 터였다. 내가 어려움을 느낀 첫 일은 바로 시장보기였다. 아무래도 주변에서 알아보는 사람들이 많기 때문에 축구장 이외의 장소를 즐겨 다니는 편이 아닌데, 슈퍼마켓도 마찬가지였다.

결혼하고 나서 처음으로 함께 슈퍼마켓을 찾았는데, 입구에서 카트만 건네주며 혼자서 잘해보라는 표정이 아닌가! 그때만 해도 나는 미국생활에 더 익숙해 있었기 때문에 슈퍼마켓에서 남자가 으레 카트를 끌고 무거운 짐을 들어야 한다고 생각하고 있었다. 그런데 나에게 카트를 끌라니?! 미처 어떤 반응을 보이기도 전에 저만치 입구로 나가는 야속한 남편 등을 바라보며 카트를 끌던 기억이 난다. 지금은? 물론 혼자서도 잘해요 수준이다. 맨 처음엔 같이 다니기가 창피해서 저러나 하는 별의별 생각을 다했지만 시간이 흐르면서 조금씩 알게 됐다. 주위의 눈길을 끄는 걸 너무도 싫어하는 스타일이었던 것이다.

일본에 있을 때는 아무래도 국내와 같은 지명도를 의식하지 않아서 그랬는지 가끔씩 카트를 끌어주긴 했지만, 솔직히 이젠 혼자서 장보는 일이 더 편할 때도 있다.

살얼음판 눈치작전

같이 다니기 꺼리는 곳은 슈퍼마켓만이 아니다. 남편은 결혼 직전에 영화는 1년에 딱 1편만 같이 본다는 선언 아닌 선언도 했다. 영화를 무척 좋아하는 나로서는 당연히 농담하는 줄 알았다. 그런데 살면서 그게 농담이 아님을 절감하고 있다. 그래서 우리가 함께 본 영화는 지금까지 정확하게 여섯 편이다. 그나마 '쉬리'는 안 봤다고 했더니 대표팀에서 사람 취급을 안 한다며 상영 마지막날 마지막회를 겨우 봤던 기억이 난다. 그렇게 해서 겨우 1년 할당량(?)을 채웠다.

하지만 슈퍼마켓이나 영화관람을 동행할 수 없는 정도는 조금 낫다. 경기 승패에 따라 비위를 맞춰야 하는 눈치작전은 훨씬 고난이도의 과제가 아닐까 싶다.

경기에서 이긴 날엔 현관 들어올 때부터 표정이 다르다. 며칠씩 바깥에서 뛰다 온 날조차도 힘든 기색이 하나도 없이 당당하게 들어온다. 그러나 경기에 진 날은 좀 다르다. 한 경기밖에 안 뛰었는데도 얼굴에는 피곤함이 역력하다. 평소에도 말 붙이기가 쉽지 않은 남편에게 이런 날 대화를 기대한다는 것은 어불성설이다.

몇 년 동안 살얼음판 같은 눈치작전을 하면서 지금은 어느 정도

도쿄 디즈니랜드에서
시부모님과 함께

적응이 되었지만, 승패에 따라 비위 맞추기는 그때나 지금이나 어렵기는 마찬가지다. 한편으론 승부의 세계가 저렇게 치열하구나 싶어 안쓰러울 때도 많다.

운동선수 아내는 나서기 선수?!

흔히 운동선수 아내들의 적극적인 내조를 놓고 시쳇말로 설쳐댄다는 말을 하곤 한다. 솔직히 내가 봐도 주변에는 참 적극적으로 내조를 하는 분들이 많다. 남편의 팬클럽에서도 내 사진을 보고 여우 같다는 반응을 보이기도 했다. 아마도 나 역시 만만치 않게 나서기 선수일 것 같다는 얘기가 아니었을까.

그런데 내 경우는 좀 예외다. 꼭 누가 더하다고 할 것 없이 남편과 나 두 사람 다 뒤로 한 발치 물러서는 성격이기 때문이다. 결혼을 얼마 앞둔 때였다. 공항으로 마중을 나가기로 한 적이 있다. 처음부터 가벼운 포옹 같은 건 기대도 안 했지만, 한술 더 떠 남들 안 보이는 뒤편에 가서 있으라는 주문을 하는 게 아닌가.

물론 결혼한 후에도 달라진 사실은 없다. 그러다 보니 경기장으로 응원가는 일도 드물다. 특히 아이가 생긴 후부터는 시즌 첫 경기와 마지막 경기만 겨우 운동장으로 나가 응원을 한다. 다른 가족들이 크게 이름을 부르며 열심히 응원하는 것과 비교하면 응원이란 표현이 어울리지도 않지만 말이다.

대신 나에게는 나만의 응원 방법이 있다. 경기가 있는 날에는 노란 꽃을 사다두는 일이다. 친정엄마가 어려서부터 노란 꽃은 행운과 부를 상징한다는 말씀을 들려주시곤 했다. 어디에 무슨 근거를 두고 한 말인지는 모른다. 다만 내게는 행운을 뜻하는 어떤 상징이 되어 버렸다. 그래서 경기가 있는 날에는 지금까지도 언제나 집안에 노란 꽃이 꽂힌다.

아마도 한국에서 열리는 월드컵 경기도 운동장으로 가는 대신 노란 꽃으로 승리를 기원하고 있지 않을까 싶다.

남편의 보수적 성격은 내 옷차림도 바꿔놓았다. 미국 LA에 살 때는 추운 날이 거의 없기 때문에 주로 여름옷이 많았고, 끈 달린 원피스 같은 옷들이 많았다. 내가 결혼을 하면서 가져온 짐 꾸러미에서 그때 입던 끈 달린 원피스가 나오자 남편은 큰 눈을 더 동그랗게 뜨며 그걸 입으려고 가지고 왔냐고 물었다.

물론 지금은 입으라고 해도 입을 수가 없다. 아들만 둘을 키우다 보니 가끔 여전사가 되어야 할 때가 많기 때문이다. 언제 어디로 튀어나갈지 모를 럭비공 같은 우리 둘째 정민이 때문에라도 검정 바지와 티셔츠가 가장 편안한 옷차림이 되어버렸다.

193

자기관리에 철저한 남편

　간혹 주변에서 내조 방법을 물어보면서 궁금해하는 것이 있다. 경기를 앞두고는 부부가 잠자리를 같이 하지 말라는 식의 어떤 금기가 있냐는 질문을 조심스럽게 물어오곤 한다. 결론부터 말하자면 공식적인 잠자리 금기 지침은 없는 것으로 안다. 일본 J리그에서 뛸 때는 경기 하루 전 날, 팀 합숙에 들어갔기 때문에 부부 사이에 고민(?)하고 말고 할 여지도 없었다. 그럼 국내에선 어떻게 하느냐?

　다행인지 불행인지 알 수 없지만, 우리 부부 모두 한 걸음 물러나는 성격이라 그런 문제로 고민한 적은 단 한번도 없다. 더군다나 남편의 하루 스케줄은 거의 '칼'이라고 할 수 있다. 아침 8시에 일어나고 밤 11시면 잠자리에 들어야 하고, 그 사이 세 끼 식사는 정해진 시간에 해야 한다. 그러다 보니 며칠씩 바깥에서 합숙훈련을 하고 경기출장을 다녀온 날에도 같이 앉아서 TV를 보다가 밤 11시 '땡' 하는 소리가 나면 곧바로 잠자리에 든다. 가끔 그렇게 '야속하게' 일어나 방으로 들어가는 남편의 뒷모습을 보며 어떻게 저런가 싶어 궁시렁거린 적도 있다. '어디 선수생활 마치기만 하라지'라고 속으로 굳은(?) 맹세도 하지만 그런 남편의 철저한 자기관리가 마음을 놓이게도 한다.

　그래서 나의 내조도 어쩌면 너무나 단순한지도 모르겠다. 무엇보다 마음을 편하게 해주는 게 우선인 것 같아 가능하면 걱정할 일은 만들지도 않고, 간혹 생겨도 얘기하지 않는 편이다. 스타급 플레이어라고 대접해주는 바깥 분위기와 달리 집안에서는 특별 예우도 하지 않는다. 이를 놓고 남편은 어쩌다 한번씩 '내가 우습냐?'고 농담을 던지기도 한다.

　'경기 잘하세요', '골 넣으세요' 같은 말들이 얼마나 어깨를 짓누

르는지를 잘 알기 때문에 집을 나서는 남편에게 '조심하세요'라는 말로 모든 기원을 전한다.

음식 내조도 그렇게 어렵지는 않다. 남편의 입맛이 까다롭지 않기 때문이다. 다만 채식보다는 육식을 즐기는 편이라 고기와 채소를 골고루 먹게끔 요리를 하는 편이다. 이를테면 불고기를 하더라도 야채를 듬뿍 넣어 함께 먹도록 하는 편이고 경기가 열리는 날짜에 맞춰 칼로리를 조절한다. 경기 이틀 전까지는 고기류를 주메뉴로 올려놓지만 경기 직전에는 바로 에너지로 바뀔 수 있는 두부나 감자, 국수 같은 요리를 준비한다.

그밖에는 아침마다 과일을 갈아주는 정도이다. 특별히 보약을 챙겨먹지는 않는다. 아무리 보약이라고 해도 선수들은 도핑테스트 같은 것을 생각해야 되기 때문이다. 그래서 보약보다는 자연식품 속에서 영양을 섭취하려고 노력하는 편이다. 얼마 전 월드컵 대표팀에게 산삼을 한 뿌리씩 나눠준 적이 있는데 아마도 이 산삼이 남편이 먹은 유일한 보약이 아니었나 싶다.

남편 홍명보, 아빠 홍명보

남편이 축구로 경쟁하는 월드컵이 아니라 남편 월드컵이나 아빠 월드컵 같은 경기를 치른다면 몇 골이나 터뜨릴 수 있을까 가끔 상상해본다.

남편으로? 실컷 데이트도 못 해봤고, 마음놓고 부부동반 나들이를 즐기는 스타일도 아니고, 말수가 적어 신혼 초엔 인형과 대화하게 만들었고, 아이 둘을 낳을 때 곁에 없었고, 지금까지 맞은 다섯 번의 결혼기념일 가운데 두 번은 아예 멀리 떨어져 있었고, 2000년도에 대통령 저축상을 받기는 했지만 저축 외에는 그 어떤 재테크에도 관

결혼기념일 가운데 두 번은 아예 멀리 떨어져 있었고, 2000년도에 대통령 저축상을 받기는 했지만 저축 외에는 그 어떤 재테크에도 관심 없고……. 이쯤 되면 남편 월드컵 우승은 어려운 건 아닐까?

하지만 나에게 남편은 늘 한결같은 사람이다. 오죽하면 아침에 일어날 때와 밤에 잠잘 때가 한치의 오차도 없이 똑같다는 생각을 하게 됐을까.

말수 없는 대신 마음속으로 이런저런 배려를 아끼지 않는 남편은 바깥에서는 보수적 행세를 하지만, 집안에서는 이 시대 보통의 남편으로 돌아온다. 청소도 해주고 집안 정리정돈도 해주고 아이들도 봐주고…….

다만 운동장에서 선수로 뛰고 있는 지금은 보통의 남편 역할보다는 축구선수로서 최선을 다하려 한다는 것을 안다.

 아빠로서의 모습도 마찬가지다. 어디 멀리 출장경기를 떠났다 돌아올 때는 아이들 선물을 잊는 법이 없고 시간이 날 때마다 아이들과 놀아준다. 남들이 무섭다고 하는 것과는 정반대 모습이다. 말을 안 하고 가만히 있기만 해도 무서워 보이는 남편이 늘 아이 다루는 문제를 놓고는 오히려 무섭게 야단치지 말라고 할 정도이다. 오히려 아이들에게 너무 무섭게 하지 않아 나와 의견충돌을 일으킬 때가 간혹 있다.

 그러나 월드컵을 앞둔 남편의 현재 모습은 아무래도 축구선수일 뿐이다. 모르긴 해도 옆에서 지켜보는 내 눈에는 네 번 연속 출전이라는 사실이 영광보다는 무거운 책임으로 느껴지는 듯싶다. 국민들이 열망하는 것처럼 남편에게도 16강 진출의 염원은 일종의 '한' 처럼 남아 있다. 얼마 전 월드컵 얘기를 하면서 남편은 이런 말을 했다. 젊은 후배 선수들이 빛날 수 있도록 자기 역할을 잘 해낼 수 있으면 좋겠다고……. 아마도 한국의 16강 진출을 바라는 심정을 그렇게 얘기한 듯싶다.

 결혼과 동시에 '조수미'란 이름보다는 홍명보 선수 아내로 더 익숙하게 살아왔듯, 남편이 축구선수로서 최선을 다하는 모습이 지금 내가 기대하는 남편의 최고의 모습이 아닐까 싶다.

제7장 ⋯⋯▶ 한국축구를 말한다

한국축구를 말한다

1 | 한국축구의 오늘
2 | 한국축구가 나아갈 방향
3 | 축구철학, 인생철학

1 한국축구의 오늘

> *"아직 선배들이 많이 계신데 내가 마치 한국축구에 대해 모든 것을 아는 양 말하는 것으로 비쳐질까 두렵다. 다만 선수로서 느꼈던 생각과 외국생활을 하며 자연스럽게 비교됐던 점을 얘기하고자 한다."*

개개인의 능력은 세계적

개인적으로 한국선수들의 능력은 뛰어나다고 생각한다. 개인기나 기술이 뒤지지 않고 신체적인 조건에서도 유럽이나 남미선수들과 별 차이가 없다. 다만 훈련방법이 아직 체계적이지 못하다.

한국에선 그 연령 대에서 받아야 할 훈련들이 종종 무시된다. 유소년부터 청소년들은 모두 성인축구의 프로그램을 그대로 답습한다. 기본기에 충실해야 할 나이에 지임을 뛰기 위한 훈련을 한다. 또 기계적인 전술훈련보다 선수 스스로 이해할 수 있는 창의적인 훈련이 필요한데 그렇지 못하다.

때문에 청소년 때까지는 잘하다가도 성인대표로 올라가서는 못하는 경우가 종종 나온다. 어느 단계에 이르면 한계에 부딪혀 성장을 멈추는 것이다.

고등학교 대회에서는 대형선수가 한 명만 있어도 우승이 가능하다는 얘기가 있다. 감독은 오로지 대형선수에게만 초점을 맞춰 훈련을 하고 게임을 한다. 이렇게 되면 자연 나머지 열 명은 대형선수를 위한 들러리밖에 안 된다. 자연 포지션 전문가를 배출할 수 없다. 팀에서 공 좀 찬다는 선수는 모두 공격수가 되기 때문이다.

청소년대표에서 보면 소속팀에선 스트라이커로 뛰다가 대표팀에선 수비수를 보는 경우가 허다하다. 수비를 더 잘 보는 선수는 수비를 좀더 훈련받고, 미드필드가 적당한 선수는 그 포지션에 맞는 훈련을 받아야 하는데 일부 선수에 초점이 맞춰지다 보니 나머지 선수들은 관심 밖이다.

전체적으로 모든 선수들을 고루 훈련시킬 수 있는 프로그램이 필요하다. 기본적인 것이 바탕이 되어야 그 다음에 창의적인 경기를 펼칠 수 있기 때문이다.

무시되는 기본들

한국에서는 흔히 기본이 무시된다. 이것은 유소년, 청소년은 물론 심지어 프로팀에서도 마찬가지다. 볼트래핑, 볼키핑, 드리블, 패스는 축구의 가장 기본이지만 지도자들은 이런 부분을 간과하는 경우가 많다.

이러한 기본기 훈련 대신 게임을 뛰기 위한 전술훈련이 많다. 어린 나이에 배울 것을 제대로 배우지 못한 선수들은 대학이나 프로에서 기본기를 다시 배울 수 없다. 대학이나 프로에선 으레 기본은 돼 있겠거니 생각하고 기본훈련을 배제하기 때문이다.

그러나 이러한 기본기 훈련은 어느 나이 때나 중요하다. 국가대표팀의 히딩크 감독님이라고 해서 사실 특별한 훈련을 하는 건 아니다. 그러나 히딩크 감독님이 짠 훈련을 소화하다 보면 기본에 충실하고 있다는 걸 느낄 수 있다.

구체적인 훈련을 예로 들어보자. 볼터치나 볼컨트롤 훈련을 할 때 한국 지도자들은 체력훈련까지 병행한다. 볼을 주고받고 천천히 걸어다닐 시간이 없다. 부지런히 뛰는 모습을 보여줘야 한다.

그러나 히딩크 감독님은 다르다. 히딩크 감독님은 볼터치나 컨트롤에 최대한 집중할 수 있도록 여유를 준다. 훈련의 목적이 체력훈련이 아니라 기본기 훈련이기 때문이다. 자연 선수들은 볼컨트롤 하나, 패스 하나에 집중력을 갖고 임할 수 있다. 대개 이런 식이다.

한국에선 훈련이 끝나면 꼭 운동장을 몇 바퀴씩 돌곤 했다. 그러나 훈련으로 파김치가 다 된 선수들로선 훈련을 마친 뒤 또 뛰는 게 여간 부담스러운 일이 아닐 수 없다. 자연 선수들은 훈련 뒤 뛰어야 하는 부담 때문에 훈련 중에 최선을 다하지 못한다.

훈련에 마치 실전처럼 모든 것을 쏟아붓도록 유도하는 외국인 지도자들의 마인드와는 큰 차이가 있다.

운동밖에 모르는 것은 더 이상 미덕이 아니다

한국에서는 '운동선수' 하면 운동밖에 못한다. 중·고등학교 때도 운동부는 오전수업만 마치고 오후엔 수업에 안 들어가는 것이 예사이고, 수업에 빠져도 선생님께 야단맞을 일이 없다. 또 일 년 내내 이뤄지다시피 하는 합숙훈련에 참가하다 보면 제대로 수업을 받을 시간이 많지 않다.

대학교 때도 마찬가지다. 수업에 들어가지 않아도 운동부라는 것이 감안돼 학점이 나오고 졸업도 '문제없이' 한다. 학교에서는 선수들에게 운동에 전념해 학교를 빛내라고 '배려' 하는 것이지만, 결국 이것은 선수들에게 독이 된다. 학교는 남들처럼 번듯하게 나왔지만 운동 외에 따로 배운 게 없어 운동을 그만뒀을 때는 따로 할 일을 찾

기가 힘들다.

　선수시절 때는 한눈팔지 말고 오로지 운동만 해야 한다는 강압적인 분위기다. 자연 선수들은 사회물정을 잘 모른다.

　일본에서 생활하며 가장 부러웠던 것이 일본선수들은 여가시간을 잘 활용한다는 점이었다. 일본선수들은 운동이 끝나면 자기가 좋아하는 공부도 하며 알차게 보낸다. 또 휴가 때면 계획을 짜서 해외여행도 간다. 한국선수들에겐 상상도 할 수 없는 일이다. 공부도 하고 여행을 다니며 견문을 넓히는 일본선수들을 보며 나는 지금까지 뭐 했나 하는 생각이 절로 들었다.

　한국선수들은 어떻게 놀아야 되는지를 잘 모른다. 그래서 선수들은 종종 술에 의지한다. 마땅히 건전하게 노는 방법을 모르기 때문에 친구들을 만나 술을 마시고 시간을 보낸다. 또 한국사람들은 술을 마셔도 폭음을 하고, 밤을 새고 끝까지 가야 '미덕'으로 안다. 이렇게 술에 취해 선수생활을 일찍 끝낸 선수들이 많다.

　이제 한국선수들도 오로지 운동만 하는 것을 미덕으로 삼아서는 안 된다. 유소년, 청소년, 대학 때 운동 외에도 기본 지식을 많이 쌓아야 한다. 세상 보는 눈을 넓히고 폭넓은 식견을 갖춰 살아가는 방법을 터득해야 한다. 해외진출에 뜻이 있는 선수들은 어학을 열심히 공부하며 의미를 찾는 것도 한 가지 방법이다. 운동 틈틈이 남는 시간을 어떻게 활용할지 몰라 소설책이나 TV를 보며 시간을 때우는 일은 결국 미래를 위해서는 마이너스이다.

　지도자들도 이제 선수들에게 오로지 운동만 강요할 게 아니라 운동 외적으로 어떻게 인생을 살아가야 하는지를 가르쳐줘야 한다. 긴 인생을 볼 때, 실제 운동에만 전념할 수 있는 기간은 짧고 운동을 그만둔 뒤 보내야 할 시간은 너무 많이 남아 있기 때문이다.

2 한국축구가 나아갈 방향

세계의 흐름을 빨리 읽고 받아들이자

일본에서는 매년 11월이면 도요타컵(Toyota Cup)이 열린다. 유럽 챔피언스리그 우승팀과 남미 클럽컵 챔피언이 단판으로 맞붙는 이 대회는 경비만 100억 원 가량이 들어가는 전통과 권위의 대회이다.

일본은 이 대회에 큰돈을 쏟아붓는 만큼 뽑아낼 것을 모두 뽑아낸다. 도요타컵이 벌어지는 경기장엔 수십 대의 카메라를 설치해 그라운드에서 뛰는 22명 선수들의 몸놀림을 일일이 찍는다. 이렇게 찍은 필름은 일본축구협회나 축구관계자들이 축구발전 자료로 활용한다.

매년 이렇게 자료를 모아오다 보니 일본은 세계축구의 흐름을 그만큼 빨리 익히게 된다. 뿐만 아니라 월드컵 유럽선수권대회, 남미선수권대회 등 굵직굵직한 세계대회 때면 대규모 전문가들이 파견돼 꼼꼼하게 세계축구의 새로운 흐름을 공부하고 돌아온다. 뿐만 아니라 일본의 클럽들은 세계적인 지도자들을 대거 영입해 선진 시스템을 받아들여왔다.

그러나 한국은 일본과 비교해볼 때 여전히 우물 안 개구리다. 물론 예전보다 많이 나아지긴 했지만 아직도 세계의 흐름에 많이 뒤쳐져 있는 게 사실이다.

체계적인 훈련이나 관리시스템이 없다. 아직도 축구를 잘하는 것보다 체력적으로 우수한 선수가 발탁된다. 또 선수들 관리가 안 된다며 합숙만 강요한다. 이런 것들은 여전히 세계적인 흐름과는 동떨어져 있다. 합숙의 경우도 꼭 그렇게 강요된 합숙만을 고집할 필요가 없다. 일본에서는 프로선수들의 합숙이 1년에 고작 열흘도 안 된다. 선수들에게 자율적으로 맡기고 감독은 경기장에서 선수를 평가하면 된다. 안 된다고 하기 전에 선진 시스템이 어떤 점이 좋고 어떤 효과가 있는지를 먼저 따져봐야 할 것이다.

한국축구는 이제 세계축구의 흐름을 빨리 읽고 받아들여야 한다. 빠른 변화에 대처하기 위해서는 그만큼 공부를 더 많이 해야 하고 투자도 이뤄져야 한다. 마냥 우리 스타일만을 고집하는 것은 바람직하지 않다. 이제 세상은 글로벌 시대이다. 보고 배우고 익혀야 할 것들이 참 많다.

해외로 나가자

한국축구가 세계무대에서 경쟁력을 갖추기 위해서는 많은 선수들이 해외로 진출해야 한다. 외국에 나가 뛰다보면 우리 실력을 가늠할 수 있고, 자연스럽게 비교도 할 수 있다. 또 선수생활뿐 아니라 외국 선진구단의 운영시스템이나 훈련방법 등에서도 배울 점이 많다.

나 또한 일본에 가서 많은 걸 느끼고 배웠다. 요즘 유럽과 일본에서 뛰고 있는 후배들을 바라보면 이제 한국축구도 크게 성장할 수 있는 토대가 마련되고 있다는 생각이 든다.

기왕이면 유럽을 권하고 싶다. 하지만 당장 유럽으로 가지 않고 일본을 거쳐가는 방법도 좋다고 생각한다. 해외로 나간다는 것은 겉으로 보기와는 달리 참 힘든 일이다. 말도 잘 안 통하고 낯선 환경과 텃세 속에서 버텨내는 일이 쉽지 않다.

그렇지만 한국인은 어떤 환경에서도 굴하지 않는 도전정신과 모든 일에 부지런하고 최선을 다하는 성실함이 있다. 한국선수들은 외국에 진출해서도 충분히 성공할 수 있는 요건을 갖추고 있는 셈이다.

앞으로는 지금보다 더 많은 선수들이 해외로 나가야 한다. 아프리카의 축구가 최근 급성장한 이유도 국가대표팀에 소속된 대부분의 선수들이 유럽리그에서 세계적인 선수들과 함께 뛰며 경쟁력을 키웠기 때문이다.

축구의 본고장인 유럽으로 당장 가기 힘들고 두렵다면 일본을 거쳐가는 것도 좋은 방법이다. 일본에서 뭘 배울 게 있냐고 하겠지만, 일본은 유럽리그의 축소판으로 불릴 정도로 시설이나 각종 시스템이 체계적으로 잘 갖춰져 있다.

실패를 두려워해서는 안 된다. 과감한 도전정신만이 한국축구의 미래를 살찌울 수 있다.

대표축구보다 프로축구가 활성화되어야

한국축구의 큰 특징 중의 하나가 국가대표팀 경기는 인기가 무척 높은 반면, 프로경기는 상대적으로 인기가 시들하다는 점이다. 이것은 기형적인 구조가 아닐 수 없다. 그 나라 축구가 발전하려면 대표축구보다는 클럽축구가 더 활성화돼야 한다.

한국은 현재 대표팀에 너무 집중돼 있다. 각 구단에서는 많은 돈을 투자해 프로구단을 운영하고 있지만 프로축구 인기가 시들하다 보니 '본전'을 뽑지 못하고 있다. 이런 상황에서 더 많은 투자가 이뤄질리 없다. 누가 돈도 안 되는 곳에 돈을 쏟아부으려고 하겠는가. 당연히 축구의 근간인 프로리그는 계속 찬밥으로 남을 수밖에 없다.

만약 프로축구가 활성화됐다면 더 많은 기업들이 경쟁적으로 참여했을 것이다. 그렇게 되면 자연히 좋은 선수들도 수입되고 좋은 지도자 영입으로도 이어질 것이다. 또 많은 어린 선수들도 인기가 높은 프로축구 선수가 되기 위해 더 많은 노력을 할 것이다. 결과적으로 선수층이 두터워지고 클럽은 성장을 거듭하게 되리라 생각한다.

유럽의 경우만 봐도 팬들은 국가대표팀보다 클럽에 더 열광한다. 월드컵처럼 큰 대회 때는 당연히 국가대표팀의 큰 관심을 보이지만 평상시 이들이 클럽팀에 보내는 애정은 정말 대단하다. 일본도 한국과 마찬가지로 프로경기보다는 국가대표팀의 경기가 인기가 높다. 그렇지만 그들은 제도적으로 프로경기를 살리기 위해 많은 노력을 하고 있다.

한국에선 선수들이 프로경기에 뛰든 말든 필요하면 언제나 대표팀에 불러들이는 것이 어느 정도 당연시되지만 일본에서는 그렇지 않다. 일본에서는 대표선수가 뛰지 않는 프로경기는 무의미하다고 생각하고 가급적 많은 대표선수들이 프로경기에 뛰어 프로축구가 활성화될 수 있도록 유도한다. 때문에 각 클럽에서 선수 차출은 무척 신중하고 기간도 최소화된다.

이제 한국도 대표축구보다 클럽축구가 우선시되는 분위기를 만들어야 한다. 그것만이 한국축구가 앞으로 살 길이다.

3
축구철학, 인생철학

준비보다 중요한 건 없다

오랫동안 축구를 해오며 항상 마음속에 지녀왔던 생각은 '모든 일에 준비를 잘하자'라는 것이다. 어떤 경기든 준비를 잘하지 않으면 맘대로 게임이 안 풀리고 부상 등이 찾아온다. 선수는 그라운드에서 플레이로 보여줘야 하기 때문에 준비를 잘하는 태도가 중요하다. 인생이 그렇지만 축구도 정직한 운동이다. 요행이 통하지 않는다. 준비를 잘한 사람만이 열매를 딸 수 있다.

축구는 90분을 쉴새없이 뛰는 경기다. 때문에 훈련을 게을리했거나 술을 마시는 등 몸 만들기에 소홀하면 그라운드에서 좋은 경기를 할 수가 없다. 축구라는 운동이 어렵다는 이유가 바로 이처럼 항상 준비를 해야 하기 때문이다.

준비를 위해서는 자기관리가 우선이다. 평소 몸관리가 잘 되어 있어야 선수 생명도 늘리고 끝까지 버텨낼 수 있다. 한때는 나도 친구들과 어울려 술에 취해 다닌 적이 있다. 특히 한국에서 더 이상의 목표가 사라졌던 95, 96년은 나에게 무척 힘든 시절이었다. 그렇지만 97년 일본에 진출하고는 술을 마시지 않았다. 그렇기 때문에 지금까지 잘 버텨올 수 있었다.

경기장에선 내가 할 수 있는 모든 걸 쏟아붓고 나온다는 생각으로 뛰었다. 팬들에게 실망스러운 모습을 보여주지 않으려고 노력했고, 한 번 잘하고 한 번 못하는 것보다 항상 굴곡 없이 꾸준한 플레이를 하는데 더 초점을 맞췄다.

또 생각하는 축구, 창조적인 축구를 위해 항상 고민했다. 돌이켜보건대 젊은날에 자신에게 엄격하고, 많이 생각하고, 개인의 발전을 위해 노력했던 자세가 결국 오늘날까지 큰 어려움 없이 축구인생을 사는데 큰 힘이 됐다고 생각한다.

대표팀에서 내가 아니면 안 된다는 생각은 버려야

10년 넘게 국가대표로 활약하면서 매너리즘에 빠진 적은 많지 않다. '당연히 이번에도 국가대표에 뽑히겠지'라고 자만해본 적도 없다. 대표팀에서 나를 발탁한 것은 그만큼 나에게 거는 어떤 기대가 있기 때문이라고 생각했고, 내 위치에서 최선을 다해 그 기대에 부응하려고 노력해왔다. 행여라도 '내가 없으면 대표팀은 안 돼'라는 생각을 해본 적은 없다.

대표팀은 한 개인의 팀이 아니다. 간혹 젊은 선수들은 착각을 할 때가 있다. '내가 아니면 한국축구는 안 돼' 하는 자만심을 가진 친구들을 볼 수가 있다. 그것은 큰 착각이다.

올해 초 나의 대표팀 복귀 문제가 뜨거운 화두가 된 적이 있다. 그때 나는 부상에서 하루빨리 회복하기 위해 할 수 있는 모든 노력을 기울이고 있었는데, 오히려 언론에서는 '홍명보의 시대는 끝났다', '감독과 갈등이 있다'는 등의 이상한 기사를 실어 적잖이 마음이 상했다.

그때도 항상 얘기했던 것은 '대표팀은 한 개인의 팀이 아니며 국가대표팀이란 최고의 선수들이 모이는 팀'이라는 점이다. 즉 내가 아무리 10년 넘게 국가대표를 했다고 하더라도 그건 중요하지 않다. 당장 실력이 안 된다면 내 스스로 포기하겠다는 생각을 가지고 있었다.

선수에게 과거의 화려한 경력은 중요하지 않다. 중요한 것은 현재이다. 현재의 컨디션· 몸 상태, 그리고 기량이 최고가 아니면 국가대표에 뽑히지 못하는 건 당연하다.

대표팀은 항상 치열한 경쟁을 펼치는 전쟁터이다. 나는 지난 10여 년간 대표팀의 붙박이 수비수로 뛰기 위해 치열하게 준비했고 노력해왔다. 그런데 내가 너무 '장기집권'한 탓에 한국축구가 뒤처졌다는 '무책임한' 얘기를 들었을 땐 정말 많이 속이 상했다.

사실 이번 2002월드컵도 기량이 안 된다고 판단하면 내 스스로 미련 없이 그만두려고 했었다. 대표팀은 나를 위한 팀이 아니라 한국을 대표하는 최고의 선수들로 구성돼야 하는 팀이기 때문이다.

축구를 향한 일편단심

一心! 내 삶의 좌우명이다. 하나의 일에 집중하자는 이 단어는 지금까지 축구를 해오며 항상 마음속 깊이 새겨온 말이다. 지금까지 축구를 하면서 한번도 다른 곳으로 눈을 돌려본 적이 없다. 오로지 축구만 생각하고 나름대로 최선을 다했다.

언제나 즐겁게 살자는 것도 내 인생의 모토다. 그렇지만 인생이 항상 즐거울 수는 없다. 그래서 더더욱 언제나 즐겁게 살려고 노력한다.

결혼을 하고 좌우명이 또 하나 늘었다. 가족에 충실하자는 것이다. 지금은 항상 경기 때문에 이리저리 다니느라 가족에 충실하지 못하는 빵점 아빠가 됐다. 그러나 당장은 가족보다는 일이 우선이다. 내 일이 잘 돼야 가족의 일도 잘 풀리기 때문이다.

그러나 내가 선수생활을 은퇴하고 난 뒤, 나에게 가족과 일 중 하나를 고르라면 나는 선뜻 가족을 택할 것이다. 그만큼 가족은 나에게 너무나 소중하다.

하나의 일에 집중하고 즐겁게 살고 가족에 충실하는 자세. 평범하고 작지만 나에겐 큰 삶의 철학이다.

내일의 스타들에게 보내는 메시지

축구를 좋아하고 미래 축구스타를 꿈꾸는 어린이와 청소년에게 가장 해주고 싶은 말은 축구를 재미있게 즐기라는 것이다.

굳이 축구선수가 되지 않아도 좋다. 사실 축구만큼 좋은 운동도 없다. 11명이 한 팀을 이뤄 서로가 힘을 합쳐 팀의 승리를 위해 최선을 다하는 과정에서 협동과 단결의 소중함을 배울 수 있다. 또 체력과 힘을 키우는데 축구만큼 좋은 운동도 없다.

나도 처음부터 축구선수가 되려고 했던 것은 아니다. 축구가 너무 좋고 축구를 계속하고 싶어 선수가 됐다.

만약 축구스타를 꿈꾸는 선수들이라면 어릴 적엔 무조건 기본기 훈련에 충실하고 꾀부리지 말고 열심히 노력해야 한다. 어린 나이에 배우는 것은 평생을 간다. 어릴 때 기본기 훈련에 소홀하면 나중에 따라잡기도 힘들다. 내가 프로나 대표팀에서 오랫동안 뛸 수 있었던 요인도 바로 어렸을 때 기본 훈련을 열심히 한 덕분이다.

중학교 때는 정말 훈련이 하나도 재미가 없었다. 매일 인사이드 패스, 킥, 트래핑 등 기본기 훈련

만 반복했다. 게임도 뛰고 전술훈련도 받고 싶었지만, 코치선생님은 언제나 우리에게 2시간이 넘도록 기본기 훈련만 시키셨다.

 물론 당시엔 지겹고 힘들었지만 그렇게 기본 훈련을 착실히 받은 덕분에 나중에 고등학교, 대학교, 프로팀에 가서 더 나은 실력을 보여줄 수 있었다. 일단 기본이 잘 갖춰져 있으면 나중엔 성장속도가 무척 빠르다. 그러나 기본이 없으면 발전엔 한계가 있다.

 스포츠에서 벼락스타는 없다. 갑자기 뜬 스타라 하더라도 그 선수는 스타가 되기까지 무수한 어려움을 극복하며 자기와의 싸움에서 이겨냈을 것이다. 축구도 마찬가지다. 운동을 하다보면 힘들고 어려운 때가 많다. 특히 축구는 다른 운동과 달리 강한 체력을 요구하고 있어 샛길의 유혹에 빠지기가 쉽다.

 하지만 그런 육체적·정신적 어려움을 견뎌내야 진정한 스타가 될 수 있다. 그 동안 어려움을 견

디지 못하고 중간에 낙오하는 사람들을 많이 보아왔다. 때문에 자기와의 싸움에서 승리하는 것이 무엇보다 중요하다.

일단 실력을 갖춰놓으면 운은 자연스럽게 따라온다. 기회는 누구에게나 찾아온다. 하지만 그 기회를 잘 살리는 사람은 많지 않다. 기회란 스스로 준비하는 사람에게 돌아간다. 실력을 갖추지 않는다면 운도 아무 소용이 없다.

지금은 옛날보다 운동 여건도 훨씬 좋다. 공부를 많이 하고 경험도 풍부한 지도자들이 많고, 좋은 경기장도 연이어 생기는 등 훈련 환경이 갈수록 좋아지고 있다.

이제는 얼마나 자신이 노력하느냐에 달려 있다. 인생은 정직하다. 축구 또한 정직한 운동이다. 열심히 노력하고 준비하는 사람에게 행운과 복이 찾아오는 것은 당연하다.

브록

홍명보의 뜨거운 가슴과
관대한 성품은 일본 사람들이
한국 사람에 대해 가지고 있는
연상까지도 바꾸어버렸다.
"한국 사람들은 마음이 정말 따뜻해."
홍명보와 만나본 사람이라면
누구나 이렇게 말하며 미소짓는다.

부록

＊ 가시와 레이솔의 태양 홍명보

나비스코컵에서 예상을 깨고 우승을 차지한 뒤 포즈를 취한 가시와의 선수들

매 시즌 고질적인 수비 불안으로 하위에서 맴돌던 팀을 입단하자마자 일약 우승후보까지 올려놓은 홍명보 선수는 이제 팀에서 없어선 안 되는 존재가 되었다. 뿐만 아니라 그는 한국축구의 전도사로서 일본 축구팬들에게 강한 인상을 심어주고 있다.

'타도! 앤틀러스'의 0순위로 평가받고 있는 팀이 가시와 레이솔이다. 불과 몇 해 전까지만 해도 레이솔은 J리그에서도 눈에 안 띄는 팀 중의 하나였다. 1995년 J리그에 승격, 브라질 국가대표인 가레카, 불가리아 국가대표인 스토이치코프 등 기량이 뛰어난 세계적인 선수를 영입하였으나 우승까지는 여전히 멀기만 했다. 특히 수비가 약하다 보니 선제골을 넣어도 지키지 못하고, 막판에 역전당하는 경기가 부지기수였다. 그러던 레이솔이 J리그 중에서도 손꼽히는 엘리트 팀이 될 수 있었던 이유는 다름 아닌 한 한국인 선수의 존재에 있었다. 그 선수가 바로 홍명보이다.

홍명보가 입단함으로써 레이솔은 거듭 태어나는 계기를 얻었다. 벨마레 히라쓰카에서 뛰던 홍명보를 영입하기 위해 열렬히 러브콜을 보냈던 니시노 아키라 감독은 "내가 이상적으로 생각하는 팀을 만드는데 홍명보는 절대 필요한 선수였다. 실제로도 그를 영입한 이후 우리 팀이 얻은 효과는 헤아릴 수 없다"고 말했다. 수치가 그 사실을 증명해준다.

1998년 시즌 레이솔의 한 경기 당 실점은 평균 1. 7골로 총 실점이 61점에 달했다. 그러한 수치가 홍명보가 입단한 1999년 시즌에는 평균 실점이 0. 8, 총 실점이 36점으로 급격히 감소했다. 당시의 모습을 레이솔의 GK 미나미 유타가 회상한다

"수치를 보면 명백하다. 홍명보 선수가 오면서 수비가 비약적으로 안정되었다. 골대를 지키고 있다 보면 앞에 선 등번호 20이 얼마나 크게 보이는지 모른다."

효과는 수비에만 파급된 것이 아니다. 공격력 역시 크게 강화되었다. 팀의 스트라이커인 기타지마 히레아키는 "홍명보 선수는 상대 선수에게 볼을 빼앗아도 되는 데로 차는 일이 없다. 공격 라인에 정확히 연결해, 쉽고 원활하게 공격을 할 수 있도록 해준다. 그로 인해 우리는 이제 우승을 바라볼 만한 팀이 되었다"고 말했다.

홍명보 입단 첫해인 1999년 시즌, 레이솔은 3위를 차지, 나비스코컵에 출전해 우승컵을 거머쥐었다. 예전에 8~10위가 지정석이었던 것을 생각하면 홍명보 효과가 얼마나 큰가를 알 수 있다. 그런 홍명보가 외국인이면서도 주장을 맡게 된 것은 당연한 일이었다.

주장으로 지명되면서 홍명보의 존재는 더욱 커졌다. 정신적인 무장이 전혀 돼 있지 않은 팀이라는 혹평을 받아온 레이솔이었지만, 2000년 시즌부터는 시간이 지남에 따라 끈질김이 몸에 배고, 으세고 강한 승부 근성을 가진 팀으로 변했다. 타이틀을 놓쳤지만 2년 연속 연간 종합 3위라는 좋은 성적을 올리고 있는 것이 그러한 사실을 증명하고 있다. 홍명보라는 존재가 없었다면 불가능한 일이었다.

＊ '언어를 초월한 그 무엇'을 위해

지난해 모 축구잡지 취재를 위해 홍명보와 일본대표팀에서 활약하고 있는 묘진의 대담을 지켜본 일이 있는데, 그때 묘진은 주장 홍명보에 대해 다음과 같은 말을 했다.

"팀에 없어선 안 되는 존재라는 건 틀림없다. 명보 형은 경기에서는 물론 그라운드를 떠나서도 신뢰할 수 있는 선수이다. 그 신뢰에 대해 언제나 플레이로 답해주는 믿음직한 주장이다. 때로는 슬럼프에 빠진 선수들을 격려해주기도 해 정신적으로도 팀의 기둥이 되고 있다. 명보 형에게 배워야 할 것은 정말 많다."

실제로 홍명보를 따르고, 그를 배우려는 어린 일본 선수가 적지 않다. 올해부터 레이솔에서 뛰게 될 수비수 나카자와도 그런 선수 중 하나이다. 초고교급 수비수로서 일본 청소년대표팀 수비의 주력으로 활약하고 있는 그는 J리그의 많은 팀들로부터 입단 제의를 받았지만, '홍명보 선수 밑에서 배우고 싶다'며 주저 없이

부록

레이솔을 택했다. 이 에피소드 하나를 보더라도 일본에서의 홍명보에 대한 신뢰가 어느 정도인지 엿볼 수 있다.

더구나 그를 존경하고 신뢰하는 건 축구선수뿐만이 아니다. 스탠드에 모여드는 팬들 역시 홍명보에 대한 신뢰감을 보인다. 레이솔의 서포터들도 한국말로 "이겨라! 홍명보!!"라고 응원을 보낸다. 홍명보를 응원하고자 아시안컵이나 칼스버그컵 등 한국 대표의 경기까지 따라다니는 일본인 여자팬은 『一心! 洪明甫(www4.ocn.ne.jp/~myongbo/)』라는 웹사이트를 만들어 그의 일거일동을 리포트하고 있다.

가장 인상적인 예로서는 일본의 인기 뉴스 프로에서 홍명보를 '클로즈업'한 단편특집이 방송되던 때의 일이다. 관계자에 의하면, 다음날 '홍명보 특집을 더 해라'라는 전화가 쇄도했다고 한다. 어떤 시청자는 '한국에 대한 이미지가 변했다. 홍명보 선수의 말을 듣고 눈물이 글썽거렸다'고까지 했다고 한다. 그것은 홍명보 선수가 일본에 온 후 언제나 진지한 어조로 하는 말 중의 하나이다.

"한국과 일본은 언어가 틀리니까 미묘한 뉘앙스까지 전하기 어려워요. 그래서 나는 이렇게 생각해요. 말이 아니라 몸으로 표현하자고. 경기에서는 물론 훈련에서도 언제나 최선을 다함으로써 언어를 초월한 무언가를 일본 사람들에게 전하고 싶어요."

'언어를 초월한 무엇'이란 축구에 대한 그의 정열일 것이다. 지금 일본에서 한국축구의 지위는 높아가기만 한다. 그를 위해 큰 역할을 하는 사람들 중의 하나가 홍명보라는 건 누구나 인정하는 사실이다. 그의 뜨거운 가슴과 관대한 성품은 일본 사람들이 한국 사람에 대해 가지고 있는 인상까지도 바꾸어버렸다. "한국 사람들은 마음이 정말 따뜻해." 홍명보와 만나본 사람이라면 누구나 이렇게 말하며 미소를 짓는다.

스페인어로 왕을 의미하는 'REY'와 태양을 의미하는 'SOL'을 합친 합성어 레이솔, 그 이름에는 '왕의 위대함과 태양의 관용을 겸비한 팀'이라는 소원이 담겨져 있다. 레이솔은 곧 홍명보이다. 그가 레이솔의 태양으로서 J리그의 역사에 이름을 새기는 2001년 시즌이 이제야 시작된 것이다.

― 신무광(재일교포 3세, 일본의 한국축구 전문 프리랜서)
2001년 2월, K리그 잡지 발췌

*아시아 최고의 리베로

자타가 공인한 아시아 최고의 리베로이자 한국에서는 유일하게 세계올스타 경기에 4회 연속 참가한 '월드스타' 홍명보는 고등학교 1학년이던 84년에 청소년 대표로 발탁되면서 화려한 비상을 시작했다. 90·94·98년 월드컵 본선과 유니버시아드, 아시안게임 등 거의 모든 국제 경기에 태극마크를 달고 출전했다. 특히 94년 월드컵 독일전에서 그림 같은 중거리 슛을 성공시킨 후 한 팔을 높이 치켜올린 채 그라운드를 내달리던 모습은 아직도 눈에 선하다.

서울 광장초등학교 때 처음으로 축구화를 신은 그는 동북고와 고려대를 거쳐 포항제철에 입단했고, 지난 97년 6월 일본 J리그의 벨마레 히라쓰카에 이적료 122만 달러, 연봉 9,000만 원이라는 고액을 받고 입단했다. 99년 가시와 레이솔로 이적하면서 리베로로 복귀한 홍명보는 '아시아 최고의 리베로'란 명성에 걸맞게 27게임에 출전해 다섯 골을 터뜨리며 그의 진가를 유감없이 발휘했다. 니시노 감독은 그에게 2000년 시즌 팀의 주장을 맡기기로 해 93년 J리그 출범 후 한국선수로는 처음으로 J리그에서 주장을 맡게 되는 쾌거를 이루기도 했다.

부록

홍명보는 정말 흥부다. 97년 일본으로 진출하면서 축구 꿈나무 육성을 위해 5,000만 원의 장학기금을 내놓았다. 그 착한 마음에 자신을 키워준 조국과 축구에 대한 보답을 하고 싶었던 것. 이자 수익으로 초·중·고교의 유망주들에게 축구에 전념할 수 있도록 장학금을 지급해 지금까지 16명이 혜택을 받았다. 은퇴 후 지도자가 아니더라도 한국축구 발전을 위해 무엇인가를 하고 있을 거라는 홍명보는 그의 별명대로 한국축구계의 흥부이다.

1. 외국 진출 계기

외국으로 진출해 운동하고 싶은 생각이 강했던 그 당시 스카우트 제의가 들어와 맞아떨어졌다. 어떤 목표 의식이 없어 정신적으로 힘들었던 시기였고, 새로운 것을 경험하고 싶은 욕구가 강했다.

2. 일본 진출 첫 느낌

축구를 처음 하는 것 같은 느낌이 들었다. 사실 많이 긴장했었는데 새로운 환경에 대한 일종의 두려움 같은 것이었다. 프로는 실력으로 말해야 한다. 말이 안 통하고 용병에 대한 텃세가 심하다 할지라도 실력만 있으면 인정받을 수 있다는 생각에 이를 악물었다.

3. 일본에서 부러웠던 점

일본은 유소년 축구가 활발해 어린 선수들의 기량이 무척 뛰어나다. 이대로 간다면 한국축구와는 갈수록 실력 차가 벌어질 거라 생각하니 가슴이 아팠다. 또 선진축구를 익힌 외국인 감독과 선수들에 의해 뿌리를 내린 체계적인 훈련방법은 감탄할 정도이다. 한국도 늦었다고 생각하지 말고 지금부터라도 투자를 아끼지 말아야 한다.

4. 별명

대학시절에 얼굴이 여드름투성이라 '멍게'라 불리기도 했지만, 성격이 좋다고 '흥부'라고들 한다. 별명에 대해 불만은 없다. 착한 흥부가 되고 싶다.

— 2001. 3, K리그 잡지 발췌

＊어머니가 본 맏아들 명보

　명보는 어렸을 때부터 지금까지 단 한번도 속을 썩인 일이 없는 효자 아들이다. 그 흔한 말썽 한번 부리지 않았고, 항상 조용하면서 자기 일은 자기가 알아서 하는 스타일이었다. 명보는 1남 2녀 중 장남이다. 어렸을 때부터 축구를 너무 좋아해 항상 아이들과 골목길에서 축구를 하며 자랐다.
　아들이 축구선수가 되겠다고 한 것은 초등학교 4학년 때였다. 당시 명보가 축구선수가 되겠다고 말했을 때 집에서는 반대했다. 아들을 험한 운동선수로 키운다는 것도 마음에 걸렸고, 명보가 공부도 잘했기에 운동을 그만뒀으면 하는 생각이 많았다. 그러나 학교에서 강력하게 요청하고, 명보 자신도 축구를 하겠다고 마구 졸라 하는 수 없이 허락했다. 나도 그렇지만 처음엔 아버지의 반대가 무척 심했다. 하지만 명보 아버

지는 일단 승낙하고 나자 명보가 출전하는 경기마다 쫓아다니며 열심히 응원을 했다

처음 축구선수를 허락했던 것은 초등학교 때만 한다는 조건이었다. 그렇지만 자식 이기는 부모 없다고 했던가. 중학교에서도 두각을 나타내자 우리는 결국 축구선수가 되겠다는 명보의 꿈을 받아들였고, 뒤에서 열심히 뒷바라지하기로 결심했다.

명보는 대학교 때 일찌감치 국가대표가 됐다. 처음에는 우리 아들도 국가대표가 됐으면 얼마나 좋을까 하고 생각했는데, 막상 국가대표가 되니 마음이 더 졸였다. 플레이는 잘 할까, 다치지는 않을까……. 축구선수를 아들로 둔 부모의 심정이란 게 참 편할 날이 없다.

그래도 국가대표가 돼 언론에 알려지면서부터는 한시름을 놓았다. 내 아들이 소위 잘하는 스타가 되니 일거수일투족이 언론에 실렸기 때문이다. 아들의 소식이 신문에 다 나니까 궁금할 일도 굳이 걱정할 만한 일도 없었다.

돌이켜보면 정말 속썩인 적이 한번도 없는 것 같다. 현재는 착한 며느리와 잘 살고 예쁜 손자들을 보니 더

없이 행복해 보인다.

이제 명보는 축구선수로서 유종의 미를 거둬야 하는 상황이라고 생각한다. 그런 의미에서 2002월드컵에서 좋은 활약으로 산뜻하게 마무리했으면 좋겠다.

하지만 부모된 입장으로서 가장 바라는 것은 돈도 명예도 아니다. 단지 부상 없이, 큰 탈 없이 무사히 선수생활을 마치고 본인이 뜻한 바대로 미래를 설계하고 실천해 갔으면 하는 바람뿐이다.

명보 형은 든든한 버팀목입니다!

명보 형에게

형이 대표팀에 복귀했다는 소식 들었습니다. 저는 형이 부상만 회복하면 대표로 재합류할 거라는 확신이 있었어요. 제 생각에도 형이 대표팀에 있는 것과 없는 것은 크게 다르다고 봅니다. 형처럼 경험이 많은 선배가 든든히 버텨줘야 팀 전력이 안정될 수 있죠. 저도 98년 월드컵에 나가봤지만, 자신감만 갖고는 안 되는 게 월드컵이더군요.

제가 대표팀에서 형을 처음 본 때가 94년 월드컵에 대비한 마지막 미국 전지훈련이었습니다. 그때 저는 대학 졸업반이었고, 형은 대표팀 내에서도 당당한 주전이었죠. 때로 제가 경기를 잘 못 풀어나갈 때 따끔하게 지적해주던 형의 충고는 대표선수로 생활하는 저에게 보약과도 같았습니다.

94년 월드컵 대표팀에서 최종 탈락해 방황할 때도 형이 일러준 '기다리는 자세'는 제가 축구대표로 꾸준히 지낼 수 있었던 힘이기도 했습니다. 현재 대표팀의 젊은 후배들에게도 형의 꼼꼼한 배려가 꼭 필요하다고 생각합니다.

요즘 한국 신문을 보니 형과 제가 중앙수비수를 두고 경쟁을 펼칠 거라고 예상하고 있어 제 입장이 참 난감합니다. 포지션 결정이야 히딩크 감독님이 하는 것이지만 형이 중앙수비수를 맡으면 제가 수비형 미드필더로 올라서고, 제가 중앙수비수로 나서면 형이 앞에 서면 되지 않을까요?

국민들과 언론은 노파심에서 형의 체력과 스피드를 걱정하지만 제가 본 형은 아직 든든합니다. 98년 프랑스 월드컵 때 브라질 대표팀의 주장을 맡아 수비 조율을 했던 둥가도 당시 35세였지 않습니까.

선홍이 형과 제가 스페인 전지훈련에 합류하면 지난해 가시와의 한국인 삼총사가 모두 모이게 되네요. 지난해 가시와에서 우승하지 못한 아쉬움을 핀란드와 터키전에서 맘껏 풀어봤으면 좋겠습니다.

— 가시와에서 유상철 (2002년 2월, 굿데이 발췌)

부록

J리그 가시와에서 함께 뛰었던 유상철(가운데), 황선홍과 함께

*'한일 빅스타' 홍명보–라모스 대담

홍명보 "마지막 월드컵 무대 최선"
라모스 "그건 말도 안 돼…… 4년 뒤에도 충분히 뛸 수 있을 것"

한국축구의 대들보 홍명보(33)와 브라질 출신 전 일본대표 라모스(45, 해설가)가 대구에서 만났다.

일본 후지TV 인기프로 '슈퍼뉴스'의 리포터로도 활동하고 있는 라모스가 월드컵 기획특집 '라모스의 제언' 취재 차 2002년 4월 16일 대구를 방문, 한국대표팀 숙소인 인터불고호텔 커피숍에서 홍명보와 마주앉았다.

홍명보를 만나기 위해 비를 맞으며 대표팀 훈련지인 수성구민운동장을 찾은 라모스는 홍명보가 감기 증세로 쉬고 있다는 소식에 안타까워하며 곧장 호텔로 발걸음을 돌렸다. 라모스는 대표팀 관계자에게 홍명보 인터뷰를 요청했고, 홍명보는 그 요청에 흔쾌히 응해 둘은 어렵잖게 만날 수 있었다.

한일전, 또는 J리그 경기 등을 통해 여러 차례 정면충돌을 했던 홍명보와 라모스. 이들의 대화는 특별히 어려운 몇 마디를 제외하고는 시종 일본어로 진행됐으며, 분위기는 마치 십년지기 술좌석처럼 화기애애하기 그지없었다. 홍명보와 라모스의 솔직담백한 일문일답을 옮겨본다.

홍명보 : J리그 재진출은 없을것, 한국팬 앞에서 선수생활 끝낸다.

라모스 : 홍선수 이제 겨우 33세…… 철저한 자기관리, 통솔력 훌륭!

▶ 라모스 : 감기 걸렸다고 들었는데…….
▷ 홍명보 : 괜찮다. 그렇게 심한 편은 아니다.
▶ 라모스 : 애써 훈련장까지 찾아갔는데 보이지 않아 부상인가 싶어 걱정했었다.
▷ 홍명보 : 신경 써줘서 고맙다.

▶ 라모스 : 요즘 한국대표팀 분위기는 어떤가?

▷ 홍명보 : 한국대표팀은 지난달 유럽 전지훈련을 통해 큰 자신감을 얻은 상태이다. 선수들의 전술적인 이해도도 상당히 높아졌고, 분위기도 매우 좋다.

▶ 라모스 : 개인적으로 이번이 네 번째 월드컵이며 특히 장소가 한국이다. 기분이 어떤가?

▷ 홍명보 : 만약 본선에 출전하게 된다면 이번이 나에게는 마지막 월드컵 무대가 되지 않을까 싶다. 그 동안 월드컵에 세 차례나 출전했지만 16강은 물론 단 1승도 거둬보지 못했다. 이번엔 꼭 첫승과 함께 16강에 들 수 있도록 최선을 다해야겠다는 생각뿐이다.

▶ 라모스 : 일본대표팀에 대해 어떻게 생각하는가?

▷ 홍명보 : 지난번 폴란드와 싸우는 걸 봤다. 팀이 많이 안정돼 있다는 느낌을 받았다. 특히 올해 들어 이탈리아에서 거의 경기에 나서지 못하고 있던 나카타가 그 경기에서 한 골을 넣어 컨디션이 많이 좋아졌으리라 생각한다.

▶ 라모스 : 일본팬들은 홍선수가 J리그에 더 오래 남아주기를 바랐는데 왜 갑자기 귀국했나?

▷ 홍명보 : 작년에 가시와에는 황선홍과 유상철에 나까지 세 명의 한국선수가 있었다. 게다가 나는 주장이었다. 한데 팀 성적은 그다지 좋지 못했고, 니시노 감독이 경질되는 사태까지 벌어졌다. 어떻게든 내가 질 수 있는 책임은 지고 싶었다. 그래서 물러났다.

▶ 라모스 : 정말 안타깝다. 모두들 붙잡고 싶은 심정이었는데…….

▷ 홍명보 : 하려고 마음만 먹었다라면 얼마든지 더 할 수도 있었다. 하지만 일본에 깔끔하고 좋은 이미지를 남기고 싶었다. 그리고 한국을 떠날 때 팬들에게 마지막 플레이는 한국에서 하겠다고 한 약속을 지키기 위한 결정이기도 했다.

▶ 라모스 : 책임감 있는 모습이 너무나 멋있다. 사실 나 역시 홍선수의 K리그 복귀가 궁금했었다. 최근 브라질대표 출신 삼파이우가 가시와에 입단한 상태라 만약 홍선수가 함께 뛰었더라면 손발을 잘 맞춰 틀림없이 우승했을 텐데 정말 아쉽다. 만약 월드컵이 끝난 후 J리그 쪽에서 영입 제의

를 해오면 응할 생각이 있는가?

▷홍명보 : 개인적으로 영광이지만 그럴 일은 없을 것이다. 나이도 많고 이젠 마지막 기회가 될 이번 월드컵에서 열심히 뛸 뿐이다.

▶ 라모스 : 그건 말도 안 된다. 나는 94년 미국 월드컵 예선전에 나갔을 때 서른여섯이었다. 홍선수는 이제 겨우 서른셋 아닌가. 잘만 하면 다음 월드컵에도 뛸 수 있을 것이다. 더더군다나 홍선수같이 완벽한 플레이에 자기관리까지 잘하는 선수라면 말이다.

▷ 홍명보 : 좋게 평가해줘서 고맙다.

▶ 라모스 : 가시와팀 전력이 지금과 같이 좋아진 것은 다 홍선수 덕분이다. 홍선수는 통솔력 있고, 카리스마도 있어 가시와의 일본선수들이 많이 배운 게 사실이지 않은가.

▷ 홍명보 : 정신이나 기술적인 면에서 여러 가지를 가르쳐준 건 사실이다. 그러나 어떠한 일에 책임을 지는 모습도 보여주는 게 도리라고 생각했다. 그래서 그만뒀고, 또 그만둘 수 있어서 참 기뻤다.

▶ 라모스 : 일본선수들이 홍선수 같은 프로의식을 가졌으면 좋겠다. 나는 늘 한국 경기를 보고 있는데 11명 모두 정신력이 대단하다고 느끼곤 한다. 그에 비하면 일본은 잘해야 7명 정도가 그 같은 정신력을 발휘할 뿐이다. 그래서 한국과 일본이 싸우면 한국이 이기는 것 같다. 끝으로 일본의 팬들에게 한마디한다면.

▷ 홍명보 : 이번 월드컵에서 다시 한번 좋은 모습을 보이도록 노력하겠다. 지금 가시와의 성적이 별로 좋지는 않지만 계속 가시와를 응원해줬으면 고맙겠다.

▶ 라모스 : 개인적으로 한국을 응원할 것이다. 홍선수도 최선을 다하길 바란다.

— 2002년 4월, 스포츠조선 발췌

✽ 무표정 뒤에 숨어 있는 따뜻한 가슴

지난 2001년 12월 9일에 있었던 홍명보 선수의 가시와 레이솔 퇴단식에 다녀왔다. 내가 홍명보 선수의 퇴단식까지 참석하게 된 것은 단순히 그의 팬클럽 회장이라는 이유에서만은 아니다. 아마 단순한 팬이라는 이유에서라면 쉽게 이 여행을 결심하지 못했을 것이다. 즉 나를 그 자리에 있게 한 것은 홍명보 선수의 특별한 그 무엇이었다. 내가 이렇게까지 홍명보 선수를 열성적으로 지지하게 될 줄은 꿈에도 상상하지 못했다.

처음 내가 홍명보 선수를 만난 것은 98년 봄이었다. 홍명보 선수를 평소 좋아했지만 우연한 기회에 팬클럽을 만들게 되었을 뿐, 난 아주 평범한 팬의 한 사람일 뿐이었다. 그러다 홍명보 선수를 소개받고 이야기를 할 기회를 얻게 됐다.

그러나 그의 첫인상이 차갑고 무서워서 턱이 아플 만큼 긴장했던 기억뿐이다. 단지 TV나 경기장에서밖에 볼 수 없는 선수를 직접 만났다는 사실이 기뻤다. 하지만 그의 차가운 첫인상은 잠시 뿐이었다. 일본에서는 통역관을 통해 말없이 싸인볼을 건네주고, 비오는 날 연습장에 구경갔다 돌아가는 나를 차에 태워 전철역까지 바래다주는 너무나 따뜻한 사람이었다.

국가대표 선수로 뛸 때나 TV에서 보는 그의 모습은 차갑고 과묵한 이미지임에는 틀림없다. 그래서 어떤 사람들은 홍명보 선수는 너무도 냉정하다는 인상만을 가지게 된다.

처음 우리 부부가 여름휴가를 이용해 일본에 가서 홍명보 선수의 게임을 직접 보았을 때의 일이다. '홍명보 선수는 프로팀에서 뛸 때 진가를 발휘하는구나!'라는 감탄이 절로 나올 정도로 거칠고 힘찬 움직임을 보여주었고, 난 잠시도 앉아 있질 못했다. 경기가 끝난 후, 어떻게 그렇게 잘할 수 있느냐고 흥분 섞인 목소리로 칭찬을 하자, 그는 웃으며 "못할 때가 있으면 잘할 때도 있는 거지"라고 짧게 대답할 뿐이었다. 그런 나와 홍명보 선수의 모습을 본 신랑은 홍명보 선수가 멀리 이국땅까지 찾아간 우리를 더 반갑게 맞아주지 않아 서운했는지 시큰둥한 표정을 보였다. 하지만 신랑도 이제는 나보다 더 열렬히 홍명보 선수를 응원하게 되었다. 그가 우리 부부에게 끊임없이 보여준 따뜻한 정 때문일 것이다.

또한 그에게는 가까운 팬들에게 자기 마음속의 말

부록

을 쉽게 내뱉는 경솔한 면도 찾아볼 수 없다. 사실임이 확실한 이야기가 아니면 말하지 않는다. 그렇기 때문에 난 홍명보 선수에 대한 그 어떤 신문기사나 루머가 퍼지더라도 그의 말을 직접 듣기 전에는 결코 믿지 않는다. 이번 국가대표로 선발되기 전에 피로골절로 인한 대표 선발 누락에 관한 소문이 항간에 떠돌았다. 이 문제에 관한 기자들의 질문에도 난 항상 "홍명보 선수의 실력과 체력에 추호도 의심해본 적도 없고, 홍명보 선수가 만약 뛰겠다고 한다면 그건 정말로 그가 아직 은퇴할 때가 아니라고 확신해서일 것이다"라고 답했다. 홍명보 선수는 자신이 어떻게 처신해야 좋을지, 그리고 자기의 갈 길이 어디인지를 잘 알고 있는 선수라고 평했던 그의 은사의 말이 떠오른다. 그 당시에는 막연하게 느꼈던 그 말뜻을 세월이 지나면서 점점 실감하게 된다.

홍명보 선수가 많은 팬들을 가지게 된 데에는 그의 기술이나 스타일뿐 아니라 '인간됨'의 힘이 크다. 그렇기에 일본열도의 많은 관중이 홍명보 한 선수를 통해 한국이라는 나라를 동경하고 찾아오게 되는 게 아닐까!. 이렇게 훌륭한 선수를 알게 된 것이 나에겐 너무도 큰 행운인 것 같다.

— 팬클럽 회장 김지영 글

홍명보 선수가 많은 팬들을 가지게 된 데에는 그의 기술이나 스타일뿐 아니라 '인간됨'의 힘이 크다.

부록

홍명보 77문 77답

- 생년월일 / 1969년 2월 12일
- 신장 / 183cm
- 몸무게 / 72kg
- 발길이 / 26.5cm
- 혈액형 / B형
- 취미 / 음악감상, 모자 모으기, 골프
- 결혼 / 97년 3월, 조수미 씨와 결혼
- 가족 / 아내, 아들 성민과 정민
- 100M / 12초
- 프로입단 / 92년 포항 스틸러스
- A매치 데뷔골 / 90년 9월, 호주 친선경기
- 센추리클럽 가입 / 99년 6월 5일, 벨기에전
- 세계올스타전 출전 / 4회(94·95·97·99년)
- 종교 / 불교
- 성격 / 내성적
- 주로 쓰는 발 / 오른쪽
- 좌우명 / 一心, 즐겁게 살자
- 소속 / 광장초등학교~광희중학교~동북고등학교~고려대학교~상무~포항 스틸러스~벨마레 히라쓰카~가시와 레이솔~포항 스틸러스

- 선수로서의 포부 / 2002년 월드컵 출전, 무난하게 유종의 미를 거두는 것
- 은퇴 후에도 축구와 관련된 일을 계속 할 생각인가? / 당연히 그렇다.
- 좋아하는 연예인 / 없음
- 축구 시작 시기 및 동기 / 초등학교 5학년 때, 축구가 마냥 좋았다.
- 자신있는 기술 / 패스
- 자신의 단점 / 적극적이지 못한 것이 아쉽다.
- 좋아하는 음식 / 생선회
- 자격증 / 중학교체육교사 자격증
- 평소에 즐기는 옷차림 / 캐주얼
- 자신있는 요리 / 없음(라면은 끓일 수 있음, 혼자 있으면 주로 외식)
- 좋아하는 음료 / 보리차
- 싫어하는 음식 / 가지
- 자신을 동물에 비유한다면 / 야생마
- 태몽은? / 뱀이 몸을 휘감는 꿈
- 감명 깊게 읽은 책 / 가시고기
- 기억에 남는 영화 / 지금까지 본 영화는 10편도

부록

- 안 넘는다. 별로 좋아하지 않는 편
- 즐겨 부르는 노래 / 별로 없음
- 기억에 남는 팬 / 대학교 1학년 때부터 계속 성원해준 부산의 한 여자팬
- 축구하면서 가장 좋았던 기억 / 94년 미국 월드컵 독일전에서 골 넣었을 때
- 축구하면서 가장 슬펐던 기억 / 96년 아시안컵 참패 때(한국 : 이란, 2-6)
- 일본생활이 한국 생활과 다른 점 / 항상 가족 위주로 살아간다. 물가가 너무 비싸다.
- 만약 축구선수가 아니었다면 / 생각할 수 없다.
- 가장 무서운 대상 / 나 자신
- 가장 소중한 것 / 신문이나 잡지 스크랩
- 가장 기억에 남는 월드컵은? / 94년 미국 월드컵
- J리그 생활 중 가장 기뻤을 때는? / 99년 팀이 나비스코컵 우승으로 첫 타이틀을 따냈을 때
- J리그 생활 중 가장 아쉬웠던 때는? / 2000년 J리그 후반기 리그에서 아깝게 준우승했을 때
- 믿고 있는 징크스 / 과거에 좋았던 시합을 되새기면서 시합에 임함
- 경기 도중 가장 긴장할 때는? / 실패했을 때
- 가장 가지고 싶은 것 / 월드컵 16강 타이틀
- 신세대 축구선수와의 갈등은? / 별로 없음
- 선호하는 축구용품 브랜드는? / 나이키
- CF와의 인연은? / 별로 없다, 나와 잘 맞지 않는 것 같다.
- 어떤 아버지가 되고 싶은가 / 대화가 통하는 아버지
- 자식이 축구를 하겠다고 한다면 / 소질이 있고 하고 싶어하면 시키겠다.
- 감독이 되어 맡아보고 싶은 팀이 있다면 / 한국 프로팀, 구체적인 팀은 모르겠다.
- 한일전에 나설 때의 감정은? / 꼭 이길 수 있다는 자신감을 갖고 나선다.
- 가장 기억에 남는 지도자는? / 이회택 감독
- 행정직으로 나설 생각은? / 아직 잘 모르겠다.
- 히딩크 감독에 대한 느낌은? / 긍정적이고 낙천적이다.
- 선수생활을 하면서 가장 기억에 남는 선수는? / 이탈리아의 프랑코 바레시
- 선수 이외에 가장 친한 친구는? / 고등학교 동창들

부록

- 개고기 논쟁에 대한 개인적인 생각은? / 반대하지 않는다.
- 언어에 대한 콤플렉스를 느낄 때가 있는가(외국어 구사나 인터뷰에서) / 많다.
- 여가생활은? / 가족과 함께
- 징크스 / 특별한 건 없다.
- 선수생활 중 가장 어려웠을 때 / 2001년 부상으로 대표팀과 소속팀에서 빠졌을 때
- 축구인생 중 가장 후회스러운 점은? / 유럽에 진출하지 못했던 것
- 가장 부러운 나라는? / 일본(일본에서 생활하며 일본이 무척 부러웠다)
- 나중에 꼭 다시 가보고 싶은 나라는? / 프랑스
- 가장 아끼는 후배는? / 박지성
- 대표팀의 외국인 감독 체제에 대한 생각은? / 좋다고 생각한다.
- 축구를 안 했다면 지금은? / 생각할 수 없다. 오직 축구뿐!
- 나중에 자식들이 무엇을 했으면 좋겠는가? / 자기가 하고 싶은 일을 했으면 좋겠다.
- 이민 계획이나 해외에서 살 계획은? / 생각해보지 않았다.
- 집은 어떤 형태가 좋은가? / 아파트
- 사업가로 변신해볼 생각은? / 전혀 없다.
- 학자가 될 생각은? / 아직 생각해보지 않았고 준비가 되지 않았다.
- 다시 태어나도 이 길을? / 그렇다.

부록

*mbhong20 - 홍명보 공식 홈페이지

홍명보 선수의 모든 것을 담은 공식 홈페이지(http://www.mbhong20.com)가 자서전 출간과 함께 개설되었습니다.

이 홈페이지는 한국과 일본에 폭넓은 팬을 보유하고 있는 홍명보 선수에 대해 좀더 자세히 알 수 있는 창구가 될 것입니다. 또한 '선수' 홍명보 외에 그라운드 밖의 '일반인' 홍명보에 대해 친근감 있게 접할 수 있는 장이 되리라 믿습니다.

이 홈페이지엔 그 동안 선수로서 뛰었던 홍명보 선수의 개인 역사를 빠짐없이 기록해놓고 있으며 국가대표와 일본에서의 활약상 등을 사진과 함께 실어놓았습니다. 홍명보 홈페이지는 향후 홍명보 선수가 은퇴한 이후에도 꾸준히 팬들과의 교류를 유지하고 이어주는 다리 역할을 할 것입니다.

홈페이지는 크게 프로필과 자전적 에세이, 사진, 뉴스, 기록 등으로 구성되어 있습니다. 그와 관련된 기사 등을 매일매일 업데이트시켜 홍명보 선수에 대한 궁금증을 이 사이트에서 모두 해소할 수 있도록 도모했습니다. 또 게시판을 만들어 팬들과 함께 호흡할 수 있는 공간도 열었습니다. 이 게시판은 홍명보 선수가 직접 질문을 받고 답하는 공간으로 활용할 계획입니다. 그리고 홍명보 선수의 공식 팬클럽(Libero)의 활동 공간도 마련되어 있어 팬들과 홍명보 선수와의 교류를 더욱 돈독히 할 수 있게 되었습니다.

이 홈페이지를 통해 홍명보 선수와 그를 사랑하는 많은 축구팬들과의 교류의 장이 활성화되길 바랍니다. 홍명보 선수에 대한 팬들의 호기심을 충족시키는 동시에 홍명보 선수를 사랑하고 응원하는 팬들의 따뜻한 보금자리가 되기를 진심으로 기원합니다.

— 홍명보 매니지먼트사 ㈜이반스포츠

부록

＊ 수상경력

- 1992 K리그 최우수선수(MVP), 베스트11 수비수 부문 선정
- 1994 K리그 베스트11 수비수 부문 선정
- 1994 AFC 베스트 수비수
- 1994 세계올스타 선발 한국대표
- 1995 K리그 베스트11 수비 부문 선정
- 1995 세계올스타 선발 한국대표
- 1996 K리그 베스트11 미드필더 부문 선정
- 1996 K리그 연기상
- 1997 세계올스타 선발 한국대표
- 1998 세계올스타 선발 한국대표
- 1999 센추리 클럽 등록
- 2002 5월 현재, FIFA 선수분과위원회 위원
- 1990·1994·1998·2002 4회 연속 월드컵 출장

1994년 AFC 베스트 수비수 수상식 모습

※ 홍명보 국제 A매치 출장 기록

F - 전 시간 출장 | I - 교체 투입 | O - 교체 아웃

횟수	날짜	장소	대회	상대국	결과	비고
1	90. 2. 4	몰 타	친선 경기	노르웨이	2 : 3 패	F
2	90. 2. 10	몰 타	친선 경기	몰 타	2 : 1 승	F
3	90. 2. 15	이라크 바그다드	친선 경기	이라크	0 : 0 무	F
4	90. 2. 18	이집트 카이로	친선 경기	이집트	0 : 0 무	F
5	90. 6. 12	이탈리아 베로나	월드컵 본선	벨기에	0 : 2 패	F
6	90. 6. 17	이탈리아 우디네	월드컵 본선	스페인	1 : 3 패	F
7	90. 6. 21	이탈리아 우디네	월드컵 본선	우루과이	0 : 1 패	F
8	90. 7. 27	중국 베이징	다이너스티컵	일 본	2 : 0 승	O(퇴장)
9	90. 7. 31	중국 베이징	다이너스티컵	중 국	1 : 0 승	F
10	90. 8. 3	중국 베이징	다이너스티컵 결승	중 국	1 : 1 무 (5PK4)	F
11	90. 9. 6	서울(동대문)	친선 경기	호 주	1 : 0 승	O
12	90. 9. 9	부 산	친선 경기	호 주	1 : 0 승	F
13	90. 9. 23	중국 베이징	아시안게임	싱가포르	7 : 0 승	F.1득점
14	90. 9. 25	중국 베이징	아시안게임	파키스탄	7 : 0 승	F
15	90. 9. 27	중국 베이징	아시안게임	중 국	2 : 0 승	F
16	90. 10. 1	중국 베이징	아시안게임	쿠웨이트	1 : 0 승	F
17	90. 10. 3	중국 베이징	아시안게임 준결승	이 란	0 : 1 패	F
18	90. 10. 5	중국 베이징	아시안게임 3/4위전	태 국	1 : 0 승	F
19	90. 10. 11	평 양	통일축구대회	북 한	1 : 2 패	F
20	90. 10. 23	서울(잠실)	통일축구대회	북 한	1 : 0 승	F
21	92. 8. 22	중국 베이징	다이너스티컵	일 본	0 : 0 무	F
22	92. 8. 24	중국 베이징	다이너스티컵	북 한	1 : 1 무	F.1득점
23	92. 8. 26	중국 베이징	다이너스티컵	중 국	2 : 0 승	O(퇴장)
24	93. 4. 25	창 원	친선 경기	이라크	1 : 1 무	F
25	93. 4. 28	울 산	친선 경기	이라크	2 : 2 무	F

부록

횟수	날짜	장소	대회	상대국	결과	비고
26	93. 5. 9	레바논 베이루트	월드컵 1차 예선	바레인	0 : 0 무	F
27	93. 5. 11	레바논 베이루트	월드컵 1차 예선	레바논	1 : 0 승	F
28	93. 5. 13	레바논 베이루트	월드컵 1차 예선	인 도	3 : 0 승	F.1득점
29	93. 5. 15	레바논 베이루트	월드컵 1차 예선	홍 콩	3 : 0 승	F
30	93. 6. 5	서울(잠실)	월드컵 1차 예선	홍 콩	4 : 1 승	F
31	93. 6. 7	서울(잠실)	월드컵 1차 예선	레바논	2 : 0 승	F
32	93. 6. 13	서울(잠실)	월드컵 1차 예선	바레인	3 : 0 승	F
33	93. 6. 19	서울(잠실)	대통령배	이집트	1 : 2 패	F
34	93. 6. 28	서울(잠실)	대통령배(결승)	이집트	0 : 1 패	F
35	93. 9. 24	서울(동대문)	친선 경기	호 주	1 : 1 무	F
36	93. 9. 26	서울(동대문)	친선 경기	호 주	1 : 0 승	F
37	93. 10. 16	카타르 도하	월드컵 최종 예선	이 란	3 : 0 승	F
38	93. 10. 19	카타르 도하	월드컵 최종 예선	이라크	2 : 2 무	F.1득점
39	93. 10. 22	카타르 도하	월드컵 최종 예선	사우디	1 : 1 무	F
40	93. 10. 25	카타르 도하	월드컵 최종 예선	일 본	0 : 1 패	F
41	93. 10. 28	카타르 도하	월드컵 최종 예선	북 한	3 : 0 승	F
42	94. 2. 26	미국 L. A.	친선 경기	콜롬비아	2 : 2 무	F
43	94. 3. 12	미국 L. A.	친선 경기	미 국	1 : 1 무	F
44	94. 5. 1	서울(잠실)	친선 경기	카메룬	2 : 2 무	F
45	94. 6. 5	미국 보스톤	친선 경기	에콰도르	1 : 2 패	F.1득점
46	94. 6. 11	미국 댈러스	친선 경기	온두라스	3 : 0 승	F
47	94. 6. 17	미국 댈러스	월드컵 본선	스페인	2 : 2 무	F.1득점
48	94. 6. 23	미국 보스톤	월드컵 본선	볼리비아	0 : 0 무	F
49	94. 6. 27	미국 댈러스	월드컵 본선	독 일	2 : 3 패	F.1득점
50	94. 9. 11	강릉	친선 경기	우크라이나	1 : 0 승	F.1득점
51	94. 9. 13	서울(동대문)	친선 경기	우크라이나	2 : 0 승	0
52	94. 9. 19	서울(동대문)	친선 경기	UAE	0 : 0 무	F

부록

횟수	날짜	장소	대회	상대국	결과	비고
53	94. 10. 5	일본 히로시마	아시안 게임	오 만	2 : 1 승	F
54	94. 10. 7	일본 히로시마	아시안 게임	쿠웨이트	0 : 1 패	F
55	94. 10. 11	일본 히로시마	아시안 게임 8강전	일 본	3 : 2 승	O
56	95. 2. 19	홍 콩	다이너스티컵	중 국	0 : 0 무	F
57	95. 6. 5	수 원	코리아컵	코스타리카	1 : 0 승	F
58	95. 6. 10	서울(동대문)	코리아컵 준결승	잠비아	2 : 3 패	F
59	95. 8. 12	수 원	친선 경기	브라질	0 : 1 패	O
60	95. 10. 31	서울(잠실)	친선 경기	사우디	1 : 1 무	F
61	96. 3. 13	크로아티아	친선 경기	크로아티아	0 : 3 패	F
62	96. 3. 19	UAE 두바이	4개국 친선대회	UAE	2 : 3 패	F
63	96. 3. 23	UAE 두바이	4개국 친선대회	모로코	2 : 2 무	F
64	96. 3. 25	UAE 두바이	4개국 친선대회	이집트	1 : 1 무	F
65	96. 4. 30	이스라엘 텔아비브	친선 경기	이스라엘	5 : 4 승	F
66	96. 5. 16	서울(잠실)	친선 경기	스웨덴	0 : 2 패	F
67	96. 8. 5	배트남 호치민	아시안컵 예선	괌	9 : 0 승	F
68	96. 8. 8	베트남 호치민	아시안컵 예선	대 만	4 : 0 승	F.1득점
69	96. 8. 11	베트남 호치민	아시안컵 예선	베트남	4 : 0 승	F
70	96. 9. 25	서울(동대문)	한중 정기전	중 국	3 : 1 승	F
71	96. 11. 23	수원	친선 경기	콜롬비아	4 : 1 승	F
72	96. 11. 26	중국 광조우	한중 정기전	중 국	3 : 2 승	F
73	96. 12. 4	UAE 아부다비	아시안컵	UAE	1 : 1 무	F
74	96. 12. 7	UAE 아부다비	아시안컵	인도네시아	4 : 2 승	I
75	96. 12. 10	UAE 아부다비	아시안컵	쿠웨이트	0 : 2 패	I
76	96. 12. 16	UAE 두바이	아시안컵 8강전	이 란	2 : 6 패	F
77	97. 1. 18	호주 멜버른	4개국 친선대회	노르웨이	1 : 0 승	F
78	97. 1. 22	호주 브리스번	4개국 친선대회	호 주	1 : 2 패	F
79	97. 3. 2	태국 방콕	월드컵 1차 예선	태 국	3 : 1 승	F

부록

횟수	날짜	장소	대회	상대국	결과	비고
80	97. 8. 10	서울(잠실)	친선경기	브라질	1 : 2 패	F
81	97. 8. 30	서울(동대문)	한중 정기전	중 국	0 : 0 무	F
82	97. 9. 6	서울(잠실)	월드컵 최종 예선	카자흐	3 : 0 승	O
83	97. 9. 12	서울(잠실)	월드컵 최종 예선	우즈벡	2 : 1 승	F
84	97. 9. 28	일본 도쿄	월드컵 최종 예선	일 본	2 : 1 승	F
85	97. 10. 4	서울(잠실)	월드컵 최종 예선	UAE	3 : 0 승	F
86	97. 10. 11	카자흐 알마티	월드컵 최종 예선	카자흐	1 : 1 무	F
87	97. 10. 18	우즈벡 타시켄트	월드컵 최종 예선	우즈벡	5 : 1 승	F
88	97. 11. 9	UAE 아브다비	월드컵 최종 예선	UAE	3 : 1 승	O
89	98. 3. 4	일본 요코하마	다이너스티컵	중 국	2 : 1 승	F
90	98. 4. 1	서울(잠실)	친선 경기	일 본	2 : 1 승	O
91	98. 5. 19	서울(동대문)	친선 경기	자메이카	0 : 0 승	I
92	98. 5. 27	서울(잠실)	친선 경기	체 코	2 : 2 무	F
93	98. 6. 4	서울(잠실)	한중 정기전	중 국	1 : 1 무	F
94	98. 6. 13	프랑스 리옹	프랑스 월드컵	멕시코	1 : 3 패	F
95	98. 6. 20	프랑스 마르세이유	프랑스 월드컵	네덜란드	0 : 5 패	F
96	98. 6. 25	프랑스 파리	프랑스 월드컵	벨기에	1 : 1 무	F
97	99. 3. 28	서울(잠실)	친선 경기	브라질	1 : 0 승	F
98	99. 6. 5	서울(잠실)	친선 경기	벨기에	1 : 2 패	F
99	99. 6. 12	서울(잠실)	99 코리아컵	멕시코	1 : 1 무	F
100	99. 6. 15	서울(잠실)	99 코리아컵	이집트	0 : 0 무	F
101	99. 6. 19	서울(잠실)	99 코리아컵	크로아티아	1 : 1 무	F
102	00. 2. 15	미국 L. A.	북중미 골드컵	캐나다	0 : 0 무	O
103	00. 2. 17	미국 L. A.	북중미 골드컵	코스타리카	2 : 2 무	F
104	00. 4. 26	서울(잠실)	친선 경기	일 본	1 : 0 승	F
105	00. 10. 4	UAE 두바이	4개국 친선대회	UAE	1 : 1 무 (2PK3)	F

부록

횟수	날짜	장소	대회	상대국	결과	비고
106	00. 10. 7	UAE 두바이	4개국 친선대회	호 주	4 : 2 승	O
107	00. 10. 13	레바논 트리폴리	아시안컵	중 국	2 : 2 무	O(퇴장)
108	00. 10. 19	레바논 베이루트	아시안컵	인도네시아	3 : 0 승	F
109	00. 10. 23	레바논 트리폴리	아시안컵 8강전	이 란	2 : 1 승	F
110	00. 10. 26	레바논 베이루트	아시안컵 준결승	사우디	1 : 2 패	F
111	00. 10. 29	레바논 베이루트	아시안컵 3/4위전	중 국	1 : 0 승	F
112	00. 12. 20	일본 도쿄	친선 경기	일 본	1 : 1 무	F
113	01. 1. 24	홍 콩	칼스버그컵	노르웨이	2 : 3 패	F
114	01. 1. 27	홍 콩	칼스버그컵 3/4위전	파라과이	1 : 1 무 (6PK5)	F
115	01. 2. 11	UAE 두바이	4개국 친선대회	UAE	4 : 1 승	F
116	01. 5. 25	수 원	친선 경기	카메룬	0 : 0 무	F
117	01. 5. 30	대 구	컨페더레이션스컵	프랑스	0 : 5 패	F
118	01. 6. 1	울 산	컨페더레이션스컵	멕시코	2 : 1 승	F
119	01. 6. 3	수 원	컨페더레이션스컵	호 주	1 : 0 승	F
120	02. 3. 13	튀니지 튀니스	친선 경기	튀니지	0 : 0 무	O
121	02. 3. 20	스페인 카르타헤나	친선 경기	핀란드	2 : 0 승	F
122	02. 3. 27	독일 보쿰	친선 경기	터 키	0 : 0 무	F
123	02. 4. 20	대 구	친선 경기	코스타리카	2 : 0 승	F
124	02. 4. 27	인 천	친선 경기	중 국	0 : 0 무	F